签单 Sign Contract

室内设计师营销必修课

Marketing Compulsory Course for Interior Designer

室内设计联盟官方网站 策划 阿莫 编著

江苏凤凰文艺出版社
JIANGSU PHOENIX LITERATURE AND ART PUBLISHING, LTD

序言

当设计营销遇到移动互联网

在和许多设计师接触的过程中，我们发现许多设计师都得了“营销焦虑症”或“互联网焦虑症”。为什么这么说呢？因为很多设计师都把自己定位为“真正的设计师”，他们认为营销型设计师是一个不光彩的称呼，这不符合其理想中设计师的角色，对设计营销、对谈单有一种与生俱来的抵触心理。

“互联网焦虑症”又是什么？随着移动互联网的发展，人工智能的颠覆大潮席卷而来，设计师们已然嗅到变革的气息，认识到传统装饰行业正在被替代，互联网营销发展太快，没有成型的方法论。作为设计师，应该如何面对？如何做？大家都很困惑。本书的作者阿莫老师，结合自己十几年的设计及家装行业谈单经验，提炼出一套实战性非常强的室内设计谈单指南，填补了这一行业空缺。

值得一提的是，阿莫老师结合当下的时代特征和移动互联网，教授设计师如何运用移动互联网，将网单、展会单运用微信等社交工具接单。

在我们创办的网站《中国室内设计联盟》所服务的设计公司中，集艾室内设计（上海）有限公司和深圳市布鲁盟室内设计有限公司等成长超快的设计公司，谈及他们的成功之处时，我常说的两个字就是“营销”，这个时代已经不是“酒香不怕巷子深”的时代了，再好的酒也需要营销与推广。当然，我们看到集艾等室内设计公司崛起的时候，同时也注意到它们设计实力的突飞猛进，但营销在公司的发展中一定是最重要的一个环节，它会将你最好的一面，以最快的方式呈现给你的潜在客户。

提及谈单，我一贯认为它是一个“系统工程”，不是断章取义可以掌握的，从个人形象打造，到专业知识辅助，再到掌握与引导客户，把握客户心理等多个维度综合提升，才可以做到快速升级，而这本书正是从这些方面去展开的，有很强的可操作性与学习性。

我很欣赏作者运用朴实又不失深度的文字风格，编写出版这本书，它具有极强的实战性，是一本值得推荐的专业书籍，不是心灵鸡汤，更没有高大上的理论与逻辑，有的只是实用与经验。

室内设计联盟官方网站创始人

刘献军

目录

第一部分
从业的基本现状

做一行不仅要爱一行，更要精一行。作为设计师，要从研究整个设计行业的态势入手，了解从业的基本现状，评估自己的能力，才能找到自己恰当的定位，做出成绩、实现梦想。

室内设计师的基本心理素质

俗语说“识时务者为俊杰”，在市场大熔炉里“锻炼”的设计师们一定要明确自己的定位。你只管埋头画图，然后一抬头，签好的单子和定金就会摆在你眼前吗？那是天方夜谭。要顺利签单，首要的基本心理素质是什么：语言沟通。

设计行业说到底就是卖产品——设计方案，但是这个产品有它的特殊性，不同于能看得到、摸得着的实物，比如衣服、鞋子、手机，还有生活中最贵的必需品——房子。这些东西都摆在那里，可以眼观其外形是否美观、触摸感知其质量优劣，客户心中一衡量，就能根据自己的标准，决定要不要购买，结果立竿见影。

在设计行业，家装也好工装也罢，你的客户只有在支付 80% 以上的装修款之后，才能看到大致的装修效果图，是看不到实体的东西的。那么，如何才能打动客户，让他们相信你的设计呢？——能说会道！也就是有效的沟通。这是一个营销型设计师最重要的素质。

“能说会道”这个词现在发展得似乎有点贬义，其实不然。尤其对我们设计师而言，“能说会道”不是口吐莲花、忽悠骗人，它需要你把积累的设计能力和工作经验转化成语言传达给客户，并得到他们的认可。虽然你做出的效果图精致得无与伦比、方案规划得完美无缺，但客户不是专业人士，他最多觉得效果图看上去色彩搭配漂亮、灯光设计营造的氛围温馨，更深的设计理念他无从得知，心里是不踏实的。这就需要设计师告诉他为什么这样设计？优势在哪里？

用设计的专业语言给客户一个美好的愿景，用客户至上的真诚打动他，让他把心放下来。客户信任你了，单子自然就能签下来。

谈一个设计项目，就是设计师的一场职业厮杀，而“能说会道”是你赢得这场角逐的利剑。

第二个基本素质是要有做设计界的“饕餮”理想。张艺谋的电影《长城》都看过吧，里面的反派“主演”就是饕餮，它的主要特征是什么？欲望无止境，说白了就是贪婪。但是这里，我说的“贪”可不是贪钱，去跟客户要高价，或者为了百八十元钱跟客户争辩。我的意思是把你已有的小单谈成大单，贪的是单子的规模。话虽不雅，但是直白易懂。说得高端一点就是——梦想，因为单子谈得越大，说明你的能力越强，你就会不断地扩大自己谈单的市场，离你成为知名设计师的梦想就越近，这是一个良性循环。

第三个基本素质是要学会不抛弃不放弃。有时候跑单并不是因为单子有多难谈，多数情况是还没有到最难的时候，自己先放弃了。因为客户的几句拒绝，觉得自己很没面子就要打退堂鼓吗？所以丢单很多时候不是因为设计师做的设计不够好，而是为了维护所谓的自尊，失掉了客户。不抛弃不放弃是一个设计师的专业素养，为了面子放弃单子，是对自己也是对客户的一种不负责任的表现。

设计是市场行业，设计师是一种职业

有缘看到这本书的人必定是刚入行的设计师或者已经从业很多年了，但是，我想问大家一句，你们是不是真的搞明白了自己的职业定位?

我以前接触的很多在设计公司里工作的设计师，他们无一例外地认为自己是给老板打工的打工者，最多是个高级打工者。在这里，我可以很负责任地告诉大家，这种想法是大错特错的。

为什么会这么说?因为你做过的每一个单子都是在为自己打工，而不是为任何人做嫁衣。大家有没有看过电视剧《杜拉拉升职记》？一个什么都不懂的女孩儿应聘到一家企业，从打扫卫生开始，靠着自己的努力和勤奋爬到了 CEO 的位置，到达她职业生涯的顶峰。

我们可以把眼光放得长远一点，让自己的视野开阔一些。假想一下，如果忽略你所服务的小公司的概念，把中国室内设计想象成一个大公司，你是中国室内设计这个大公司的一个职员。既然你在一个公司供职，那就要不断努力地寻找晋升机会，你就一定会成为设计总监或者 CEO，最后让自己达到引领整个室内设计行业的高度。所以你见的每一个客户、谈的每一个单子，都是你的职业晋升的资本，都必须认真对待。即使这单费了九牛二虎之力最终没谈成，也要面带微笑地欢送这个客户。这不光是工作的历练，更是好人品的累积。

我们来做一个简单的加法：你在这家公司的第一年签了有 20 家客户，第二年去别家公司或者还在这家公司又签了 20 家客户，那么加上之前的就有 40 家客户，如果干了 5 年，那就有 100 个客户，在这 100 个客户中就已经有了小小的名气。如果这 100 个客户的亲戚朋友装修时也能想到你，那么在室内设计这个市场的群体里面，你就必然占有了一定的份额。

其实，你和你所服务公司的老板都心知肚明，谁也不会在一家公司待一辈子，公司始终是老板的，这个公司只是你成长的一个跳板，当你成长起来的时候这个平台已经为你所用。所以每一个设计师都需要正视自己的职业，更要正视你和公司的关系。有的大公司为了追求自己的利益最大化，经常会包装、宣传某个设计师，通过网络平台推送其作品，如果你做得足够好，能够得到这样的机会，一定要牢牢抓住，不断地锻炼和提升自己，为公司创造效益的同时也是为自己的未来创造更多的机会。

所以一个设计师不能只是以单纯打工者的心态去和客户谈单，要用心对待每一次出征，因为你面对的客户背后有着无数的潜在客户，那才是你作为设计师服务的核心，也是你人生的宝藏。

就业与发展的核心问题与难题破解

不管哪个公司，在从业过程中都会遇到这样或那样的问题，离职率高是每个公司都头疼的事情。设计师行业也是如此。我以自己多年的从业经验来总结一下设计师在就业和发展中遇到的几个核心问题：

1）对于从业一年的设计师来说，整个工作状态就像是打了鸡血的亢奋状态，但偶尔会感到迷茫；
2）从业两年的设计师会面临解决问题能力不足的情况；
3）从业三年左右的设计师会呈现出高不成低不就的状态；
4）从业五年以上的设计师在工作中会发现自己需要提升文化修养和专业素养。

从业中出现这些问题很正常，因为只有出现问题了，你才能知道自身的不足。关键是要补足缺失、解决问题，这样才能得到成长。这是一条设计师职业升级的必经之路，就像玄幻修仙剧里主角飞升要渡劫一样，所以，工作中遇到了这些状况，不要急躁，不要惊慌，更不必质疑自己的能力，解决问题就好了。那么如何解决呢？

首先，要明白一点，会玩的人才会好好工作。人的精力是有限的，不可能 365 天都精神紧绷地投入到工作中去，工作和生活要张弛有度，工作的时候全身心投入，工作时间之外就要尽情放松。工作一旦进入疲惫期，就一定要给自己的身体或者心灵放一个假，比如来一场说走就走的旅行，就像前两年火遍全网的那位女教师的辞职信“世界很大，我想去看看”，这等魄力、这等胸怀是值得我们借鉴和学习的。即使不能去旅行，也可以换一种方式，总之要打破你的日常规则，突破自己，彻底放松身心。

其次，时间如何分配？设计这个行业，3—5 月份是业务密集期，在此期间一定要全力备战，努力签单。6—8 月份，是休整阶段，这个时候你只要做到一点就好——玩，抛开所有的工作，会友、泡吧、玩游戏、旅行，放开了玩，松弛你的神经和身体，储蓄能量，迎接下一个阶段的“战斗”。9—12 月份设计市场恢复喧闹，业务逐渐增多，你的工作状态必须紧绷起来，铆足了劲去签单、赚钱。每年的 1—2 月份，我们要做什么呢？这段时间即将迎来春节，大家都忙着买年货过大年，客户也就歇了，但是我们不能歇，设计师需要为自己一年的工作做一个总结，总结这一年得到了什么、错失了什么。不要小看这个年终总结，它能够帮助你看清自己的短处，也为你未来一年的工作指明方向。

最后，重振旗鼓。工作中累积的委屈和低落的情绪，都会在彻底放松中烟消云散，身体和精神会再次充满活力，你又可以斗志满满地投入到工作中。事实上，有时候并不是有些单子本身有多难谈，而是长期繁忙的工作消磨了你的耐心和意志力，让你谈单的时候底气不足，能量场减弱，单子便与你失之交臂。

当你感觉工作让自己心力交瘁的时候，就放自己一马，放松休息，你会找回一个不一样的自己。你过往的经历和修整时期的反思，让你有了成长，可以信心十足地再次出发，也才能有足够的精力储备接受设计行业高压下的心态洗礼。

从业的心态洗礼

士兵出征之前要厉兵秣马,而作为一个设计师出门谈单之前也需要调整好心态。设计师每天都要面对挑战，因为你要给公司创造利润，一个月几万元、几十万元的创收利润会让你每周甚至每天都感觉压力巨大，透不过气。

或许你会说，完不成任务，大不了不干了。是，没错，你觉得这个公司压榨太狠可以换一个公司，但结果是一样的。原因很简单：公司不养闲人。其实，公司的压力还不算是最大的，更大的压力是你要吃饭、穿衣、租房，这些谁来买单？还没到月底，口袋比脸都干净，想请女朋友吃顿西餐，浪漫一下都没钱，不敢和朋友聚会，生活不能承受之重都快让你窒息了。所以，作为一个设计师，你首先要修炼的不是业务能力，而是你的抗压能力，抗压能力足够强，才能让你在这个行业走得久、走得远。

那么这些压力的根源是什么？竞争！设计师每时每刻都处于竞争状态，因为客户不可能只选一家装修公司，也会货比三家甚至更多家的，他会选择一个性价比最高的,你要想从中脱颖而出,就不能有丝毫懈怠,那如何时刻保持斗志呢?很简单，在生活中找一个目标然后去超越他。当然，这个目标必须切合实际，你不能一上来就拿马云当目标。

竞争是你的能力高低的体现，而这种能力在学校不一定有机会展示出来，学校学的是知识，是学习方法和能力的储备。参加工作走入社会，锻炼你能力的课程才刚刚开课，那就是“社会学”。那么，在社会这个大课堂里，要具备什么样的心态和技巧才能在残酷竞争中崭露头角呢？在接下来的几节里我会跟大家逐一剖析。

狼的精神及其作战技巧

设计师在做入行培训的时候，业务经理或者设计部经理是不是常跟你们说："咱们就是一群狼，看到客户就要像看到人民币一样。"意思是希望你们要把狼性贪婪、暴虐的拼搏精神运用到工作中。但我们不能仅仅从表面意思上理解这种狼性文化，要懂得其中的深意，我们要学习狼性精神中对工作孜孜不倦地追求、克服困难的勇气、锲而不舍的精神。

前文中我也说过，在竞争中、压力下求生存的设计师，一定要找一个超越的目标，这样才能让你时刻保持狼一样的斗志。说得简单点，就是找一个人和他"攀比"，亲戚、朋友、同事、同学都可以。你们小时候是不是也有过"别人家孩子好"的经历？我上大学的时候经常挂科，每次看成绩都是从后往前找，这样才能很快找到自己的名字。有一次考完出成绩，班长看着成绩单跟我说："唉，你这科没挂科？"我白他一眼："这科开卷考，我再挂了，我就真'挂'了算了。"我那会儿整天混混沌沌，整天跟和我一样差劲的同学泡网吧、玩游戏，生活、学习没有目标。

进入社会后，我意识到这种浑浑噩噩的状态不能继续下去了，决心重新认识自己，改变自己的现状。然而，让我能雄起的最大利器是"攀比心"，我下决心要比 ××× 有钱，住的房子比他大，开的车比他好，过的比他洒脱。刚开始就是物质的攀比，我认为只有物质才能有更大的吸引力。就像一个重症患者，一定先要让他身体的各项指标达到正常标准，才能做手术、根治病患。你走过了攀比物质的初始阶段，才能有资本去登顶理想的高峰。

再来说作战技巧。在与客户沟通中，你不能还没出击就先被客户忽悠了，要分清楚客户哪句是真、哪句是假。比如，有的客户说："做吧，你做了效果图肯定给你交定金，我今天没带卡，咱这样吧，下周三肯定来，直接给你交钱。"有的设计师就信了，但有经验的设计师肯定不信，因为他们都被忽悠怕了，他们知道效果图做出来，客户是绝对不会付款的。玩策略，要先学会防忽悠之术。

谈单过程中也不能怕吃亏，有人会说：老师，你这不是自相矛盾吗？一点都不矛盾，防忽悠、玩策略，那是智慧；敢吃亏、不怕失败，从中吸取教训、长心智，这是成长。小亏该吃还是要吃，有的设计师，客户少给一点绘图费，他就不高兴了，一定要找回来。要知道，你让客户占点小便宜，他可能会为你介绍背后隐藏的更多潜在客户。

状态调整及交际学习

年轻设计师大多数都是在设计公司打工，基本上处于两种状态：被重视或者被排挤。被重视的设计师是什么心态呢？如沐春风、春风得意、志得意满、整天有一种走路带风的姿态。那被排挤的设计师呢？必然是愁眉不展、垂头丧气、心灰意冷，每天都过得很压抑。事实上，这两种状态和心态都是不对的。

在我 30 岁左右的时候，已经是公司的签单王了，老板对我礼遇有加，即使我在客户面前出错，老板也会帮我出面解决，对我的维护到了包庇的地步。刚开始时，我仗着自己有能力签单，很享受这种状态。但时间一长，我发现自己解决问题的能力越来越差，因为老板都代劳了。于是，我果断地辞去那份安逸的工作，去挑战更多的可能。所以，年轻的设计师要以我为鉴，不要让自己在舒适区待的时间太久，那样容易“自废武功”，要及时调整自我，让自己处于不断进阶的状态。等你把状态调整好后，就要寻找攀登职业高峰、成为优秀设计师的方法和技巧。

前面我说到过一个增强动力的办法——给自己找一个超越的目标。目标确定后，不是说你靠耗时间，就能超越了。要做到步步为营，才能攻城掠地。那下一步做什么呢——扔掉图纸，“不务正业”，找人聊天。

有人说，聊天算什么技巧啊？谁不会聊天啊？可别小看聊天，这里面暗藏玄机，学问很大。大家闭上眼睛，在脑子里过一下自己身边的朋友，想一想你已经多久没交新朋友了？之所以你签不了单，业务做不出去，不是你能力不够，只是你的关系网一直就是那么小，从来没有扩大过。为什么会这样呢？很简单，就是你不会跟人打交道，不会聊天。认识更多的朋友，了解各种人物的性格，是提高签单成功率的必备条件。我曾经给学生分配了一个任务：一个月要他们去结交三个陌生的女性朋友，除了吃饭花钱外，其他方面就做“铁公鸡”，就陪她们逛街、聊天，为的就是练习说话。因为你只有见的人多了，交往形形色色的人，才能在跟陌生人打交道时说话得体、应变灵活。我们常说某人很厉害，什么时候都能急中生智、化险为夷，我可以负责地说，没有人天生具有这种能力，没有人天生就有高效处理问题的方法，那都是后天实践历练的结果，正所谓熟能生巧，说话的艺术也不例外。

那和陌生人聊什么呢？聊最俗的。这话一说出口，我仿佛看到了大家质疑的眼神万箭齐发地向我飞来。那我就重申一次：就是聊最俗的。见了女士，聊聊她的包包或者裙子多少钱，在哪儿买的；见了男士，聊聊爱喝什么酒、抽什么烟，平时去哪儿消遣，寻找你们俩的共同点。为什么不聊点高雅的，聊点设计专业的东西多好啊？错，你这么想大错特错。客户也是在人间烟火中生活的，他也不愿意三句话不离工作，所以，你首先要打感情牌，用生活里的“俗”事儿拉近和他（她）的距离。

定完目标后，接着便是首先要学会的技巧：做一个会交际的人。在生活中，要不断地练习“沟通”这项技能，不要怕错，不要怕囧，勇敢坚持走过最初的生涩，我保证，会成就一个“八面玲珑”的你。

最想成功的设计师与设计师的成功

在中国，想朝九晚五就把室内设计这个职业做好，挣着可以解决温饱的工资，不难。甚至你做这个职业三四年后，在公司的培养下，便能练就一身本领，可以独立谈单、独立画图、独立确定施工工艺，总之可以独当一面。然而，你是不是以为这样就在设计师的职业生涯中登峰造极了？那为什么在设计圈没人知道你的“大名”呢？

当人们说起某个领域，就会想到你的名字，那么这个人才是站在这个领域塔尖的成功人士。室内设计行业也不例外，站在设计行业塔尖才是作为一个设计师真正的成功。那如何成为这样的人呢？

首先，我们要搞清楚一个现状，随着时代的发展，室内设计这个行业的分工会越来越细致，你要“全面发展”，什么都想做到最好，可能会被淹没在这个行业的汪洋大海里。如果你选择其中的某个领域着重发展、深入学习，很有可能会成为一个卓尔不群的人。当我刚进入这个行业时，也是试图历练自己各个方面的能力，让自己锻炼成可以独当一面的人。然而，在这个行业摸爬滚打四年以后，我发现自己不能再这样做下去，否则我的设计生涯会停滞不前的，于是停下来思考下一步究竟该怎么走。“术业有专攻”，当你在一个领域求精求细的时候，你就是那个可以独占鳌头的人，换句话说你就是成功的。我当时发现，谈单子不累，每次都能轻松顺利地签合同，说明我适合做这项工作，所以就专注于签单，事实证明，我的选择是对的。当有人看准一个单子想拿下却遇到困难时，就会想到我，因为成功签单是我的“招牌”。

现在整个设计行业已经开始走团队合作的路线了，也就是说一个项目下来，把每个细分领域的佼佼者汇聚在一起，将这个项目以完美的形态呈现出来。十年前已经有人把这个行业做了细分，将来会更加细化。这几年出现的专业绘图员就是佐证。大家都知道，几年前是没有绘图员这个职位的，但是现在有了。行业进步的大势所趋，没有人可以阻止，你只能顺应潮流。

所以，想把设计师这个职业做成功，在跨越初级认知这个阶段后，你要做的就是把自己擅长的某一个点做精做大。

如果你想跟我一样在签单上有所建树，那么接下来的一步就是学好心理学。

必修课——心理学

我们都知道，每一个人都有其独特的魅力，只不过这种魅力大小不同而已。举个例子，在公共场合，如果一个“女神”出场，会瞬间吸引所有人的眼球，男人爱慕，女人嫉妒。但是你会发现，就算男人心向往之，也没人敢上去搭讪。为什么？因为这个女人的魅力让大家觉得高不可攀、望而却步。

每个人的魅力是由很多细节组合而成的，就像这个女神，步调优雅、穿戴华贵、谈吐不凡。但是这些细节却也可以让人窥探一个人的内心，你会知道她的欲望，有欲求就会暴露一个人的软肋和劣势，就是你拿下这个人的突破口。比如你中意的女孩喜欢蓝色，送花的时候你就要投其所好选择蓝色妖姬而避开红玫瑰；她在减肥，红烧肉再好吃，猪皮再美容，你也不能请她吃。

这就是我说的心理学，做一个“偷窥”客户内心需求的观察者。当然，掌握这些技巧的目的只有一个，就是为了准确把握客户的真实需求，促成签单。

提高自己的新鲜点

在中国，青年设计师的年龄一般不超过30岁，客户对青年设计师的信任度不高，所以说青年设计师能签的单子大多是小单，而且成单率很低。这个现象导致很多青年设计师工作没有激情，当一天和尚撞一天钟，更谈不上对事业的规划，进入了混日子的状态。那么，应该如何来获取客户的信任，打破成单率低的窘况呢？

唯一的方法就是学习新鲜的知识。怎么学？很简单，就是一个字："玩"。有人说没钱怎么玩？钱多玩钱多的项目，钱少玩钱少的游戏，总之，走出画图室去玩就对了。比如，学一学茶道、茶艺等与茶相关的茶文化。茶是中国民族文化的举国之饮，以茶修身的生活方式在中国很流行，尤其40岁以上的人都爱喝茶，而且这个年龄的客户讲究茶道的一定多是成功人士。如果设计师熟悉茶文化、懂茶道，自然会拉近与客户的距离。

当你去健身房锻炼的时候，多留意健身房的室内设计，常与教练或者学员交流，了解他们对健身房的设计需求。要在日常生活中不断地思考与学习，等你接触类似项目的时候，就不会无所适从、让单子从身边溜走。

我在做线下授课的时候，第一节课的内容，我带大家出去玩。去酒吧教同学喝酒。但是，天下没有免费的午餐，不能白玩，要完成一个任务，就是第二天我会提问酒吧里有多少个音箱？我暗中观察，学生们谁都没兴致玩，都在数音箱。但是，到第二天上课，我问的是酒吧里有多少盏照明灯、聚光灯。学生们一下傻眼了，因为他们昨晚在酒吧都在数音箱，根本没注意灯光。

所以，我想提醒大家别忘了你是设计师，要时刻关注和思考你见到的每一个环境设计元素，比如酒吧、洗浴中心、酒店、美容院、KTV，要记住没有人天生就会做这些场所的设计，是要不断地出入这些地方，甚至踏破门槛。到什么程度呢？什么时候到了这些环境里觉得没意思了，对这些设计已经驾轻就熟即可。摆在那里的设计已然引不起你的兴趣了，那就是激发一个设计师产生创意的最佳时机。在这个玩的过程中，为你不熟悉的领域做积累，才能达到不断丰富自己的目的。

30 岁以下的设计师要先做一个体验者。原研哉曾说："我是一个设计师，可是设计师不代表是一个很会设计的人，而是一个抱持设计概念来过生活的人、活下去的人。"设计师应该去感受和体验生活，生活能够让设计师了解人们的需求，并将这些需求融入设计中，让用户感受到设计带给他们的实用价值。

会玩，是青年设计师自我学习、自我发展、提升创意的过程，是设计师职业发展不可或缺的一门必修课。

第二部分
营销对于签单至关重要

签单，说到底是卖货，只不过卖的是设计，是一种无形的产品。涉及销售，必然要研究和掌握营销的模式，这是设计师能够成功推销自己设计作品的必要方式。

营销的分类

签单就像是设计师成功打开营销之门的钥匙，但钥匙握在手中，你先要了解它，才知道怎么使用，接下来我们介绍几种营销的模式。

第一种模式，“老王卖瓜自卖自夸”式营销，也是最传统的模式。作为设计师，大家是不是都有这样的经历，当你向客户介绍自己的公司或者推荐自己的时候，会极尽包装之能事——公司实力如何大，团队做过多么高端的作品，自己在设计圈获得过多么高的荣誉或成就等。特别敢给自己脸上贴金，自信心爆棚，通俗点其实就是老王卖瓜，这样的营销方式几千年前的老祖宗早就这么干了，现在你还在用，是不是有点过时了？这种方式确实有些俗套，但是我们也要去了解并掌握它，只有寻根溯源才能创新发展。

第二种模式，“轰炸式”营销。它具有成本大、效用低，但品牌效应强的特点。这种方式不高明但却是必要的，原因很简单，就是通过这种密集地轰炸式宣传，才能让人们记住你。有一个广告我想全中国没有人不知道，就是脑白金的广告。有几年，只要打开电视就能听到“今年过节不收礼，收礼只收脑白金”的广告语，且不说人们是否了解脑白金是干什么用的，但是毫不夸张地说脑白金的知名度达到了家喻户晓的程度。过去讲“酒香不怕巷子深”，但现在身处这样一个信息大爆炸的时代，必须走出深巷才能被大家知道。

在一次与脑白金的缔造者史玉柱先生的交流中，我问了他一个问题：“脑白金这么大的广告投放量，您能拿回多少收益？”他说：“三比一。”也就是说投资三倍的钱，才能收回一成。有人就疑惑了，这不是在做赔本的买卖吗？我想说的是，你们的担心是多余的。史玉柱那么成功的人士，智力水平肯定在你我之上，他不可能做亏本的生意。

脑白金这样的轰炸式营销只不过是营销的一个初始阶段，目的是要让这个名字深入人心。只要所有人都知道这个东西，接下来就可以在重要的时刻推出产品，比如有新品上市，或者节日促销的重要时刻。消费人群都有一个先入为主的心理，人们一定会优先选择熟悉的东西。

我们的设计也一样，你营销的是你个人这个品牌。你要先让大家知道设计圈里有你这么一个人，知道你是干什么的，你的优势在哪儿，当人们有需要的时候，才能在铺天盖地的信息大潮里唯独想起你，因为人们对你印象最深刻。

第三种模式，自我品牌的营销。有一句话叫“铁打的营盘，流水的兵”，设计就是这样一个行业，一个客观的事实是：似乎没有哪个设计师是在一个公司待一辈子的，从一个公司跳槽到另一个公司也属常态。但是，说到底客户往往是选择你这个人，你现在做的每一项工作、服务的每一个客户，积攒的是你自己的人品和口碑。所以你的设计、你的服务都要踏踏实实地以匠人的精神去做，把它当作一个事业而不是简单的一份挣钱的工作，只有这样才能把口碑做好做大，其实这就是口碑营销。

第四种模式，分摊式营销。只有分摊到本质，才具有说服力。比如一米电线多少钱、一袋白乳胶多少钱、一袋粘带多少钱、一袋腻子多少钱，要了解更详细的报价。在谈价格上你要做到有优势，要做到对你所在市场上的所有辅料类、基础材料的信息掌握得清楚、明白，比如一盒排钉、一盒胶带、一盒固定卡都是多少钱，做一个东西用多少辅料、需要花费多少钱，这些你都要了解，在做分摊营销的时候才更容易说服客户。

第五种模式，饥饿营销（详见本书第四部分中“谈单过程中的自我定力与对象约束”一节）。经常有人跟我说，客户嫌价钱高，单子又丢了。但是你有没有想过你设计的卖点在哪里？饥饿营销要抓住客户的命脉——省钱、实用、美观、舒适。我认为所有营销模式里饥饿营销是最好的，屡试不爽。

这五种营销模式是谈单中最常用的几种方式，签单是否成功就看设计师如何灵活运用这些营销方式了，这就需要设计师们不断地去练习。但是，在运用之前还要做一个很重要的功课，就是研究营销的对象——目标消费人群。

对目标消费人群的分析

对目标消费人群的分析，从大的方面来说，无外乎就是年龄和性格两个方面。

第一个方面是针对年龄的不同阶段来分析。

第一阶段是 20 岁左右的消费人群。他们已大学毕业，刚刚走上崭新的人生探索之路，对未知世界充满了新鲜感，一般老一辈已经为他们准备了房子，或者房子对他们来说不是生活必需品，没有太大的诱惑力。

第二阶段是 25 ~ 35 岁之间的消费人群。这拨人千帆看尽，想要稳定，买房主要以结婚为目的，并且多是父母做主，房子住的实用、舒服是这个阶段客户的一个核心消费点。

第三阶段是 30 ~ 40 岁之间的消费人群。他们属于父母帮不上忙的人群，大多数是夫妻二人同甘共苦，省吃俭用，历经十年风雨终于有了积蓄。他们会倾囊而出，买一套新房改善居住环境或者为孩子上学而换房。

第四阶段是 40 ~ 50 岁之间的消费人群。多是奔着三代同堂合家欢的实用性而买房的。

我在讲课时，和学生们讨论关于不同年龄阶段消费人群的分析这个话题时，大家分析得都非常细致。但是为什么我能把单子谈成他们却不能呢？很重要的一点，就是我在谈单的时候，每种客户类型我都烂熟于心，这些信息像条件反射一样地出现在我的脑海里。想到固然重要，更重要的是要去实践。要做到熟悉每个年龄阶段的特征，根据不同的客户，认真总结分析他们的心理诉求。

第二个方面是从人的性格来分析。人的性格是不容易改变的，根据这些年的观察和思考，我总结出以下四种类型的客户。

第一类是冲动型客户。
这类客户具有性格急躁、说话语速快、做事干净利索的特征，甚至未交流直接就问“我的房子装修完需要多少钱”的问题。其次他们的穿衣打扮也具有干净、利索、整洁的特点。

第二类是犹豫型客户。
他们的特点是：①“好”“行”“没问题”是他们的口头禅，但是，一说到实质性问题——交定金，就打退堂鼓了，说要再考虑考虑；② 细碎问题问得多；③ 现有的居住环境可能是几十平方米的房子。

第三类是无主见型客户。
他们的主要特点是缺乏安全感。具体表现跟犹豫型客户很像，优柔寡断、难做决定，所以一般设计师很难区分这两类客户。但是这类客户有一个区别于犹豫型客户的明显特点，就是穿衣打扮不得体，说话唯唯诺诺。这是由他们的生活习惯决定的，习惯了听命于人，像装修房子这样的大事他们很难做决定。

第四类也是最重要的一类客户——主见型客户。这类客户在言谈和性格上有一个很大的特点就是自信，这是由他的社会地位和身份决定的，要么是官员，要么是企业老总等。他们在服装方面也很容易辨认，一定是整洁利索、低调素雅，总之是不张扬。

仅仅会分析目标人群还不够，最重要的是要将不同类型人的特征、喜好烂熟于胸，做到看到一个客户，他的专属标签会自动跳入你的脑海中。

只是对目标客户进行笼统的分类，还不能达到我们顺利签单的要求，还需要设计师对每一类客户做出细致诊断，然后随机应变，因人而异、因时制宜地满足客户的需求。

客户诊断

我们对客户进行类型分析，然后做出针对性诊断方案。以下是对四种不同性格客户所采用的谈单技巧而做出的针对性详解。

第一，针对冲动型客户，设计师应该做到以下几点：
（1）满足客户的需求。
（2）以最简单的方式解答客户的问题。
（3）做事比客户还要简洁明快。
（4）先针对性的回答客户的问题，再引导客户深入地探讨问题。
（5）告知客户对于后期可能存在的问题你都可以解决，给客户吃一颗定心丸。
（6）谈单前做好铺垫，沟通能想到的所有细节。这类客户一般性子急，所以做是否签单的决定也比较快。如果经过两个回合的交锋，他还没交定金，那你可以直接放弃，不要再浪费时间了。

第二，针对犹豫型客户，由于其对方案的判断缺乏信心，设计师可以为其理出一个清晰的设计思路，具体做法如下：
（1）思考问题一定要比客户周全。
（2）针对性地提出问题，用引导法让客户给出尽量详尽的答案。
（3）说话的语速一定要稳、慢。从户型设计到施工过程做一下简要概述，帮助客户理清思路。
总之，一定要把你经验丰富的一面展现给客户，不断地给他们吃下定心丸，经过两到三次的过招，基本可以拿下订单。

第三，针对无主见型客户，具体做法如下：

（1）询问是否有亲戚或朋友帮其确定目标。

（2）可以选择性地拒绝客户，同时等待他的最终决定。

（3）当客户无法选择的时候，给他一个明确的目标。

（4）压迫感谈单。主要是针对期房客户，对于这类客户的谈单首先设计上一定要主动去询问，对项目要进行设计分析、时间分析、工艺分析、户型分析。

第四，针对主见型客户，由于其是大单客户，且是非常有城府的一类人，一般不动声色，所以在前面两三次的讨论中不能强攻也不能不攻，一定要稳、慢，且行且观察客户的交流细节，直到赢得这场对弈。所以你要做好充分的准备，具体做法如下：

（1）试探性谈单，多元化多方面询问问题。

（2）谈单中察言观色，摸索对方的关键点和兴趣点，然后展开话题，分析其需求。

（3）敢于对客户说不，告诉他，你才是专业的。

（4）给自己戴高帽，进行铺垫，同时运用专业知识、阅历、作品来展现自己的价值。

（5）要让客户来找你，你才能占有主动权。

（6）对此类客户进行反问式谈单，增强自己的气场，显示自己的专业性。

需要注意的是，你纳入分析的元素越多，准确诊断的概率越高，签单的概率也就越高。

玩中学，学中玩

你是一个设计师，而且是一个想做签单王的设计师，那你的“玩”就要不同于那些朝九晚五拿固定工资的白领。你要走出工作室，去体验不同的环境，观察和思考它们的设计，去酒店体验家装功能、到酒吧感受灯光设计、去美容院或者洗浴中心考察装修环境，来丰富你的知识储备。这是你出去玩的方法。

出去玩最需要的是什么？钱。有人会说，总是出入这些地方，太烧钱了。在事业上升期的时候，如果我有 100 元钱，会拿出 90 元钱去玩，留 10 元钱保证自己不饿肚子就行。拿自己来说，我喜欢酒吧松弛享受的氛围，所以经常泡酒吧喝酒；我喜欢旅游，就背着包全国各地地跑；玩台球、打高尔夫，一样不落。敢这么乱花钱，是因为我知道玩出去 90 元钱，会为我创造更大的价值，我能挣回来。这就是胆识。

所以，设计师需要体验生活，体验将来你可能会遇到的各种设计场景。别怕花钱，留够吃饭的钱，然后大胆地带着脑子去“花天酒地”，不仅长了见识、积累了人脉，还有了挣钱的动力，一箭三雕，何乐而不为？

在玩的过程中，看一看别人的营销模式，比如那些促销广告，思考他们为什么会用这样的噱头去做营销，带着十万个为什么去看他们的营销模式，你就能总结出对方的营销特点。

以国内网络视频直播平台 ×× 为例，大多数视频节目是用卖点促进消费。还

有装饰公司普遍搞的一种营销模式，充多少钱送多少钱，等等。当你看到这些营销活动的时候，要去思考他们的营销动机和思路，多听、多看、多感受，在实际应用中要避免重复别人的营销错误，学习他们的优点。

从消费角度提高自我签单能力

消费体验是指一个人在使用产品或享受服务时体验到的感觉以及认识。就是当你去买衣服或者进行其他消费的时候，会有犹豫、挣扎、徘徊的心理，这就是消费体验。

有一次我陪太太去买上衣，但是太太的鞋子太休闲，配不出上衣的效果，服务员马上拿来相配的鞋子（试衣间有各种款式的鞋子），让太太试穿。试了之后，太太很满意，最后果断地买了那件上衣。

卖货的服务员是通过什么方式让你放下犹疑买下商品的呢？这是你要思考和学习的。谈单的时候，你也可以借用这种销售手段让你的客户产生花钱的欲望和冲动，让客户心甘情愿地从装修的心理账户中为他想要的美好生活付出费用。

在设计行业我们用什么方法达到这种效果呢？
第一，用意向图展示。从网络上搜集一些符合客户需求的家居设计图。
第二，搭配一些相关的软装元素完善你的案例。把软装配饰填补进来，让客户真切地感受空间的设计之美。

所以，对于一个签单设计师来说，平时的生活体验、消费体验，都是你要重视的宝藏，它们是你在谈单执案时的有效武器。

生活就是设计师最好的导师

装修设计属于服务行业，需要设计师站在客户的立场想其所想，比如针对大型的客户做一个 PPT，方案一定要做得细致专业，这里面包括地理位置分析、娱乐业的分析和消费档次的分析、周边市场的调研等。这些细致的思路从哪里来？无外乎平时的生活体验。从观察的角度去体验，见识过、亲身体验过才知道客户真正需要的是什么，才能在做方案时有的放矢，谈单一击即中。

第三部分
设计师的时尚与口才

前两部分，我们从大处着眼设计行业和设计师这个职业，接下来就要从小处打磨，做到精益求精，逐渐成长为签单王。

设计师与时尚

设计师的作品不仅要走在行业前沿，形象也要与时尚接轨，你个人的穿衣品味直接影响到客户对你设计的认可度。闲暇时多看看服饰配搭的杂志或者网站，巴黎时装周之类的时尚活动也要关注。

男士的服装一定要穿出自己的个性，体型偏瘦的可以尝试戴一顶鸭舌帽，增加你的艺术气息，偏胖的男生可以穿中国风的衣服，像棉麻之类的。穿衣打扮一定要让自己显得成熟、稳重。客户辛辛苦苦攒钱才买的房子，当然希望把设计装修交给一个靠得住的设计师了，这样才放心。

高跟鞋和淡妆是女士的两个必要装备。高跟鞋是彰显女性高贵气质的重要道具，它会让你的比例更完美、身材更显高挑，所以在外出谈单时，甚至是去工地，高跟鞋都不能少，你不能在任何时候让自己的形象打折扣，形象打折你口袋里的钱就会打折。另外，淡妆也是必不可少的，化妆是对别人的尊重也是对自己的尊重，女生画淡妆跟洗脸刷牙一样重要。所以，对于女设计师来说，不是穿得多暴露、妆多性感才是好的，最重要的是体现你优雅、稳重的气质。

你的穿着直接表达了你对美的解读能力，是你独特气质的表现。室内设计师要关注时尚，并让时尚为你所用。

设计师的坐姿及面部表情

在谈单过程中，设计师的坐姿非常重要。

第一，坐下来时，男士的腿可以自然分开，切记不能横着跷二郎腿，这从心理学上是一种攻击姿态。女士可以保持“Z”字形坐姿，要展现出优雅得体的姿态。

第二，用坐姿来保证自己谈单时的主动权。如果客户坐在你右边，你的左手手掌放到你的大腿或者膝盖上，左手臂的手肘可以自然地向外倾斜，右手臂的手肘则可以放在大腿上，右手放在脸边或者各个方位都可以，这是一种攻击姿态。但是，当你想要缓和状态的时候，可以把你左手臂的手肘往回收，收回来自然下垂，你的左手手掌还是在你的关节处，属于自然放松状态。大家可以演练一下，是不是当你的手肘往前顶的时候，你的身体是向前的？很自然地就跟客户做出一个争论攻击的姿态。手肘下垂的时候，身体是不是自然收回来的？这其实是一个攻防兼备的姿态，进可功、退可守，收放自如。如果有桌子，两只手的手肘尽量都不要搁在桌子上。

第三，谈单时的坐位。一般我们谈单时用的是咖座，设计师在选择自己的位置时，在客户斜视、侧面 45° 方向为最佳，因为这个位置在心理学情感上介于亲近和疏离之间，让对方心理空间没有强烈的紧迫感，对方也较易轻松表达。在实用意义上，要选择可以让两位或者多位客户都能看到你电脑的位置，同时，方便你及时捕捉到每一位客户的面部表情变化、形体动态，继而比较准确地掌握他们的情绪和思想转变。切忌跟客户面对面，因为那是敌对模式坐位；也不能和客户并肩而坐，因为这样会与客户之间形成无形的阻碍，使其产生防备心理。

除此之外，设计师还要做一个好演员。为什么呢？很简单，你在谈单的时候，不同的客户表达的情绪不一样，你要根据客户的心理需求，迎合客户的心理变化，呈现喜、怒、哀、乐不同的面部表情。

谈单时的环境选择

环境对于谈单也是至关重要的因素，在选择谈单环境的时候要做到两点——安静和半封闭。

在环境嘈杂的空间中谈单，你的思路必然会被打乱，所以要选择公司的贵宾区或者远离办公区的位置。

另一点是半封闭环境。对话空间越小，设计师的气场凝聚力就越大。设计师在谈单的时候也会紧张、缺乏安全感的，因此，要找相对小一点的交谈空间，把我们的气场释放到最大。但是，这里要注意一点，这个狭小的环境一定要是半封闭的状态，否则你会把客户吓跑。就像在完全封闭的电梯间里，只有你和一位美女，你满心欢喜地去搭讪，换来的肯定是美女的白眼甚至误解。

完全封闭的环境会让人情绪压抑，也会让人缺乏安全感。交谈环境的选择，对于设计师自己和客户的情绪影响是不可忽视的。

锻炼洞察力

良好的洞察力是设计师的一项必备技能。洞察力其实就是观察人，从人的外部表征了解他的内在特点。设计师与目标客户的对弈就如同一场没有硝烟的战斗，必然是“知己知彼百战不殆”，因此洞悉客户的心理和偏好对谈单成败至关重要。

洞察力的锻炼主要从以下五个方面来着手：

一、样貌。依据高矮胖瘦，可以大略判断一个人的性格品性。如果体型偏胖，这个人一般是不操心、爱偷懒的，不爱计较，比较好相处，心宽体胖嘛！要是一个中年人身材瘦削，那这个人可能自我约束力很强，也有主见。因为一般人都会中年发福，如果身材还保持得没有一丝赘肉，这个人一定非常自律，是权力中心，与之交流不能跟他对立。

二、穿着。穿衣的样式和颜色不仅可以表露一个人所从事的职业，还可以体现他的个性修养。一个经常穿正装的人一定性格严谨，那么现代简约的装修风格也许适合他。也可以从衣服的颜色来判断他的性格偏向，是热情的还是拘谨的，那么，你在谈单时就可以及时调整说话的方式。

三、言谈。有的人少言寡语，属于冷静、偏理性的人；有的人口吐莲花，这样的人热情，容易冲动。有了这样的基本判断，设计师谈单的时候就可以根据客户的说话特点，做出合适的应对。

四、动作。人们在与人交谈时，身体各个部位都会有不同的动作习惯。大幅度动作有头、手、腿、脚的动作，细微动作有脸部的微表情，其中腿部动作是最能洞察客户内心秘密的强有力武器。比如腿呈交叉状时，表示一种拒绝的姿态，说明客户的防御性很强。又如当你给客户提出一些装修建议的时候，他的腿成张开的姿势，说明他在认真听并愿意接受；如果客户把腿架了起来，那是对你的建议不感兴趣，这个时候你最好停止或者转移话题。

五、习惯。性格会反映在很多生活习惯上，比如握手、握杯、放置手机、打电话等习惯性动作。和客户初次见面时，如果设计师想快速掌握客户的心理信息可以通过握手的方式来判断。握手不仅是礼仪，更是一个人性格归属的表露。握手时，用力很大，且目光直视对方，这样的客户一般会独断专行，处理事情果断有主见；握手力度轻柔的客户，一般会比较随性豁达，容易相处；握手时只用指尖轻触的客户一般会比较敏感，防御性很强；如果客户紧握双手或者上下摇动，表示此人比较热情，且黑白分明，为性情中人，这样的客户比较容易冲动消费；还有一些人不愿意与人握手，这样的客户是性格内向、保守的，设计师给出的装修建议或者搭配用色要尽量保守低调。

当然，要经过不断地观察和练习总结，才能练就良好的洞察力。一旦具备了超强的洞察力，你就能顺畅地与客户沟通想法，做出的设计才能令其满意，那每次谈单，出击必定是一击即中。

锻炼口才

设计师对于客户心中所想了然于胸了，接下来就是口才的锻炼，可分为两个阶段：

第一阶段，练就良好的语言组织能力。我曾经给我的学生留过一个“看图说话”的作业，别小看这四个字，要做好是不容易的。我经常跟客户这样描述他要的吊顶——这里设计一个井字顶，然后用石膏线条收边，突出顶部空间的高度；墙面的颜色可以选择偏柔和的暖色调，地板的颜色偏重一些，会突显空间的稳重和大气，然后搭配与空间相协调的家具和配饰，以达到墙面、地面、顶面相协调的整体空间效果。这就是对一个效果图的简单描述，虽然没有更多深入的设计构思，但是流畅的语言可以初步为客户塑造一个他可以想象的完美空间。设计师要做到的就是利用你的专业知识给客户营造一个他理想中的家。

第二阶段，用评书的速度和逻辑来锻炼口才。在交流中要适当地加快语速。当你在为客户讲解施工工艺的时候，你即使讲得再慢，大部分客户也是一知半解，毫无意义；如果你把语速适当加快，会给客户留下你对施工工艺胸有成竹的感觉，对你也就更加信任。那儿为什么要用评书的逻辑来谈单呢？因为生动的语言会让客户有带入感，“吊胃口”会激起客户的兴趣，当他的兴趣被吊起来的时候，你就戛然而止，然后丢出一句“接下来的细节我需要好好考虑，您可以先交押金”。

如果说谈单是一场战役，洞察力就是侦察排，口才是正规大部队，两者结合才能百战百胜。只有勤奋地学习和锻炼，设计师在这两方面的能力才能不断提高。

眼力的运用

谈单需要去观察客户的细节，考验你眼力的时候到了。

别的行业最忌讳眼高手低，但在咱们这个行业需要“眼高手低”，这里所说的眼力，是指设计师的观察力。如果你眼力的高度达不到，即使你思考和表达的很多，但是还是说不到重点。口才可以慢慢练，知识可以慢慢学，但对细节观察不到位，谈单的能力很难提升上去，那结果只有一个——单子“飞”了。

注意观察每一个细节，那你的眼力自然位居别人之上，如果你对客户需求的分析高屋建瓴，胜利就非你莫属。

眼力还有另一个重要的作用，它可以增强你的气场。眼睛是心灵的窗户，你在跟客户互动的时候，要与其进行眼神的交流，你的内心强大与否都能从你的眼睛里看出来。所以在跟客户谈单的时候，要勇于正视，积极对视，你的眼神不要先逃避，要让客户先“逃”，坚定的眼神会无形地增强你的气场。即使他对设计不懂，对你还不太相信，但是这样的眼神会让他犹豫，一旦犹豫你便可以乘胜追击，甚至一举拿下订单。眼力需要不断地练习，这是设计师增强气场最简单的途径。

既然眼力如此重要，我们该如何锻炼呢？当客户从远处走到你身边时，这时你可以迅速地从上到下打量客户。当与客户交流时，也可以观察客户的一些细微的动作，从外表的发型、身材、衣着、面部的细纹、皮肤的肤质，到其站姿、走路、说话、微笑。为什么要这么细致地去观察一个人呢？道理很简单，一个人的外在是其性格、生活层次及习惯的体现。

从衣着上判断。我们跟客户谈单时，往往是周旋多次才能有一个结果，便可借此机会仔细观察。以衣着为例，可能客户每次都会穿 T 恤，你要观察他每次见面时穿的 T 恤有没有共同点，如果 T 恤都是暗淡的颜色且都有领子，那么可以断定这个人是一个比较保守甚至无趣的人。所以在跟他谈设计风格的时候，可以选择一些传统的、不彰显个性的风格。

从面部肌肉和握手上判断。如果一个中年人鱼尾纹偏多，那他可能是一个性格开朗的人。如果一个人眉间的肌肉鼓起，那么这个人可能脾气暴躁，很容易着急。

当你跟客户握手时，能够感觉到客户的手是软的还是硬的，是紧绷还是放松，据此可以判断客户对你的信任度。我谈过的一位女客户，第一次见面握手时，她的手只是轻轻地触碰到我的手就收回去了，能明显地感觉到她的防备心理；而当单子签订再握手时，她是用力并郑重的，显然是想传递给我信任和托付的情绪。所以说，客户握手的力度能够表达出他对你的态度，也就可以判断这个单子谈得是否成功。

所以，要经常观察你遇到的陌生人，多去结交陌生人，从不熟悉的时候去分析这个人，到熟悉了之后去验证之前的分析是否正确，久而久之，你就养成了观察分析人的习惯，当你见到客户时，就会自然地去关注他从头到脚的每一个细节并加以拆解，去洞察这个人。

当然，这个方法不是百分之百的准确，但却是一个很好的辅助工具。如果你见到一个人，能快速地对他做出初步的分析，将多种细节综合在一起，肯定会增加你的分析的准确度。自然，这需要勤加练习，才能熟能生巧。细节决定成败。

察言观色及培养感情

要学习察言观色，方法其实很简单，就是广交各行各业的朋友。比方说，我想了解运动员的习性、生活常态，那我就找爱运动的朋友，跟他们深交，注意观察他们身上的细节。觉得了解透彻了，再去找其他类型的你需要了解的人，再跟他们做好朋友，深入了解分析他们的特征。日积月累，你的朋友圈就会越来越广，对不同人群的了解也越来越深，而你识人的经验值也势必会增长。

我参加自行车骑行比赛的时候，认识了几个政府部门的人并且跟他们成为朋友，在这个交朋友的过程中，我就会去观察和总结他们身上的特点，虽然人与人之间存在个体差异，但是我接触了三五个这类人，我就去琢磨他们的共同点，然后把这个属于官员身上的特点记在脑子里，以后再接触到官员，一旦他们的言谈举止显露出这个特点，我就能准确判断他的职业，进而按照常理来推断他们的喜好。我健身的时候发现健身教练们爱表现的特点，这可能是职业性质让他们养成了这样的习性，就像咱们营销型设计师爱观察人一样，健身教练只有表现自己才能得到关注，进而推销自己。所以，当我再看到身形特别壮、满身发达的肌肉且爱表现的人，我就判定他是健身教练。

所以说，营销型设计师一定要广结朋友，下楼买水、买烟时遇到的小商店老板也要聊上几句，要有意识地去认识、观察各行各业、形形色色的人，他们就是你以后做营销的宝贵财富。

语气及语速的控制及锻炼

做营销设计师，要想顺利签单，提高说话的语速是非常必要的。有的人说，我说话就是慢，速度提不起来，那怎么办呢？对于这样的同学，我想问他一个问题，你跟别人吵架的时候语速也是提不起来吗？大家想象一下那个画面，将是多么和平的场面啊，说白了，你语速快不了，那根本就吵不起来了。所以说，没有加快不了的语速，就看你练不练。但是，有一点要提醒大家，语速是要快，但快而不清晰是万万要不得的。你想想看，你跟客人讲施工方案，说的倒是快了，但囫囵吞枣，客户一个字也没听明白，那么你们根本没办法往下谈了。

不仅要语速快且吐字清晰，还要练好普通话，不能有严重的方言，至于普通话有多么重要，我给大家分享一个小故事。有一次我去焦作的一个县城出差，偶遇两个非常漂亮的女孩，我本想跟人家交流聊聊天，结果两位女神一张嘴，我头也不回地转身跑了，为什么？满嘴的地方话让我望而却步。设计师这个职业是有艺术修养的，如果谈单的时候满口方言，必然会让你的形象大打折扣。

语速的锻炼要循序渐进。第一步是丰富你的词汇量，见人就聊，想到什么聊什么，并且语速要快，把话说明白讲清楚，让听的人能听出你说的是什么；第二步是要往里面加知识点、加话题，让听的人始终保持兴趣高涨。我曾经谈过一个单子，和客户聊了 5 小时，交谈中我们总能聊出新的话题，碰撞出新的“火花”，和客户做朋友，了解客户的需求，单子才能深入谈下去，客户才心甘情愿地把定金交给你。

培养语言表达及组织能力

很多刚入行的室内设计师经常跟客户这样描述欧式风格：欧式风格就是流线型的线条配合弧线形的边框打造出的柔美空间，这种风格给人优美、柔和、舒适的感觉。

这个描述是不是显得很高雅，但是你作为一个签单型的设计师，这样直观地跟客户介绍这些元素在空间里的存在，会给客户留下学院化、专业经验不丰富、缺乏实践的印象。在与客户的交谈中，语言表达能力代表了你的专业水平，而良好的专业素养需要靠专业化、成熟化的语言传达给客户。这样，才能给初次见面的客户留下好的印象。

那么，常用的专业表达有哪些呢？

家具、沙发、门、门套、顶角线等的具有造型的线条称为流线型空间设计；瓷砖、沙发、窗帘、衣柜、餐桌这些带有色彩的元素在室内空间中的搭配称为空间色彩搭配；可把餐厅和客厅两个模块的组合称为模块空间搭配；褐色的窗帘搭配黄色的瓷砖，这两种颜色都在一个暖色调里面，这个暖色调叫作暖色色系搭配设计。

用专业、易懂的语言来表达“刷墙、铺地”等通俗的事物，在与客户交谈时这是非常必要的。当然，专业、成熟的语言描述能力，只看设计专业方面的书籍是远远不够的，还要扩大自己的知识储备，多读一些国学、历史、心理学类的书籍，提高自己的文学内涵和修养。读国学、史学的书籍，可以学习前人的智慧，帮我们理清思路，建立自己的思维方式，提高自身处理问题、解决问题的能力，正所谓“以铜为镜，可以正衣冠，以史为镜，可以知兴替，以人为镜，可以明得失”。读书的目的是为了将读到的知识转化为我们可以用到的经验，这能帮助我们积极地思考，建立自己独特的思考模式，这一点对设计师尤其重要。

第四部分
不按常规谈客户

标新立异、特立独行地创新，往往会取得不同凡响的成就。设计师谈单也一样，不按常规“出牌”，反倒让客户有新鲜感，愿意融入与你交谈的谈单氛围中。

不按常规谈客户

设计师谈单的方式各不相同，谈单思维更是大相径庭。如果你想不按常规出牌，就要总结其他设计师谈单的常规套路，接下来要做的就是另辟蹊径。根据我以往总结的经验，大致可以从以下几个方面考虑：

第一，不谈公司。
第二，不谈报价。
第三，稍微谈一点儿设计方案或者不谈设计方案。
第四，不谈公司材料。

以上四点在谈单过程中不谈或者少谈，但一定不可主谈。

那我们应该谈什么？谈概念、理念、空间的利用率、色彩的搭配、设计元素的应用，主要谈的是这些东西。而不是常规地去谈公司规模、公司材料、公司活动等。你的思路一定要清晰，让客户充分地了解，千万别指望把客户谈糊涂了，他就会稀里糊涂地交定金，把客户谈糊涂了，他反倒不敢交了。因为对于公司、材料、活动，你的公司和其他公司不会相差太多。如果客户上来直接询问甚至想压低报价，你就可以直接告诉他每个公司报价都不会相差太多，因为同一个项目的成本相差不多，用工用料都差不太多，每个公司都有自己的报价体系，作为设计师不可能自作主张随意改价。

客户和设计师在这个时刻的对弈中，最容易陷入一个死循环，设计师会跟客户

说“没有设计哪有报价”，客户也一样会理直气壮地跟设计师说“你不给我报价，我心里没底，我怎么敢交定金”。其实，为了避免这种情况，你可以给客户一个笼统的报价，那么，这个笼统的报价依据是什么？你可以用建筑面积乘以单位价格 500 ～ 1500 元，基本上 500 元是半包的价格，1500 元是大包的价格。这个单位价格要根据当地市场消费价格和公司给的价格再做调整。这样的报价，跟最终价格上下相差不会太大，是比较靠谱的。

为什么说谈单的时候尽量规避价格和材料这些问题呢？因为你谈这些细节，会让客户很自然地跟其他公司进行对比，一旦对比就增加了这笔单子的不确定性，如果客户找的另一家公司比你所在的公司规模大，那你的报价就是低的，客户就很可能跟你签单；而如果客户找的公司规模较小，那你这单必跑无疑。所以说，签单初期细节谈得太多，单子能否签下来全凭运气，而不是你的能力，你完全没有主动权。

大家要勤于思考，如果不跟客户谈细节内容的话，应该谈些什么呢？除了我告诉大家的这几点之外，还可以谈哪些内容呢？哪些是需要不断地练习和改进，从而成为你的杀手锏的呢？在接下来的章节里我们会做详细讲解。

邀约客户的三要素

可能有设计师会说，邀约客户谁不会啊？但恰恰相反，看似简单的事情其实有很多细节需要谨慎思考。在我平时的工作中，见到的真正会邀约客户的设计师寥寥无几。下面讲一下邀约客户的三个要素：

第一，时间。

第一步，设计师拿到信息后，先跟客户核实情况，同时确定邀约时间是否准确。有些客户是网单客户，准确度低，导致很多设计师忙于操作没有意义的单子。

第二步，跟客户讲明在约定时间到达前，你会再跟客户联络，确定邀约。

第三步，出发前告诉客户你出发的时间、到达的时间及地点。避免客户以临时有事爽约，避免把时间都浪费在毫无意义的“一日游”上面。

第四步，在你到达约定地点之前的 10 ~ 20 分钟内，给客户发短信或者微信，告知他：“您好，我是 xx 公司的设计师，我即将到达您小区的 xx 口，您开车时注意安全。”这些看上去简单的问候语，实际上起到提醒的作用。

第二、行动。

第一步，跟客户约时间，确认到达公司的时间。

第二步，如果预约的是当天下午，在客户下班前的半小时内跟客户确定时间，告知客户道路是否畅通，千万不要跟客户再次确定时间，这样会引起客户的反感。

第三步，在到达预约时间的半小时前，再次打电话告知客户某个路段容易堵车以及便捷行车路线。

第三，敢于跟客户说不。懂得拒绝客户才是竞争的开始，要学会适可而止。因为市场竞争的原因，有的客户想坐收渔翁之利，甚至会出现跳单、违约等不良行为，所以设计师在行动之前，要询问客户，考量客户的具体目的，是来询价还是看方案。需要注意的是这种询问要讲究技巧，比如当你接到客户电话时，其表示想到公司面谈，你可以这样询问：xx 先生，本来我今天休息，但是我可以去公司，我冒昧地问一句，您这次过来是……？后面的你不用说，等客户来“填空”，然后根据客户的回答分析他是专程还是顺路而来，客户的这两种心态对于此单的成败非常重要。如果在你的休息日，客户要来公司，你该怎么做？先跟客户说你在休息，达到抬高身价设门槛的效果，然后跟客户说你可以来公司，但需要客户耐心等待一会儿（需要注意的一点是你要尽快赶到公司，但跟客户约定时间的时候多说 10 ~ 20 分钟）。从这些细节和时间耐力上判断客户谈单的诚意。另外还要做什么呢？给公司前台打电话套好词，让她跟来访的客户说：不好意思，您没有跟设计师预约，他在赶过来的路上，请您耐心地等一下。在距离约定时间 5 ~ 10 分钟的时候跑步到客户面前。其实这么做的原因很简单，就是为了激起客户的内疚感，抬高设计师的身价，如此一来主动权就握在了手里。

如此可见，在邀约客户的时候，对自己和客户来说都需要一些约束力，才能促使签单谈判有一个良好的开端。不仅开始是这样，在谈单的过程中，设计师的自我定力和对客户的约束力也是非常重要的。

谈单过程中的自我定力与对象约束

客户是上帝，这是许多装饰公司奉为宗旨的信条。但是总是把客户当上帝一样供着，容易惯坏客户，所以必要的时候应该对客户做一些约束，谈单才能顺利进行。

比如一个很火爆的早点摊，每天的供应限量只有 100 份，卖完了客户再想要也没有了，这就是对客户的约束力。这种饥饿营销的模式常被用到设计行业中。装饰公司经常做一种活动，今天必须交定金，今天不交的话明天就不能享受优惠了。这种方法在设计圈屡见不鲜，几乎被用烂了。那么，作为设计师，能不能让客户觉得错过你就再也找不到这么好的设计师了？错过你对他来说是一种损失。我的一个学生告诉我，有一次因为要去参加广州的一个设计师交流会，客户希望能跟他预约时间。他谈单时这样跟客户说："我马上要去广州参加一个设计师的交流会，如果你现在签合同的话，这周我能把设计给你做出来，如果今天签不了，那不好意思就只能等下个月了。"

给客户造成了紧迫感同时也设了一个门槛，让客户觉得今天不签就错失良机了。就像我们去医院挂专家号一样，专家每天的门诊数量有限，为了不错过专家号，患者肯定早早地就去排队挂号。这就是设门槛，我们在谈单时同样可以拿来用。那么，究竟该怎样给客户设门槛呢？这就需要设计师在实践中不断地练习、思考、研究、总结，整理一套适合自己的方式。只有这样，设计师才能在谈单的时候把控和主导整个过程的节奏。

谈单节奏把控

跟客户的沟通中，除了自我定力和约束力，还有一个决定谈单是否成功的重要环节——节奏把控。谈单的节奏与客户的情绪是密切相关的。

当你刚接触客户时，先请客户介绍他的想法，设计师尽量少说话，这段时间里整个节奏是平缓的，让客户多说。那么设计师在这个时候应该做什么呢？——寻找突破口，寻找让客户无法反驳的突破口。比如客户说：你看我这边放柜子行不行？你这样回答他："您先说，等您都说完了我再说。"把话语权先交给客户。

当你开始"造梦"的时候，节奏是上升的，要不断地给客户制造兴奋点，通过客厅、餐厅、玄关、卧室空间的设计阐述，让客户对你的设计产生浓厚的兴趣。但是，切忌在客户对你的设计充满兴趣的时候要求其交定金，不然，客户会产生防备、抵触的情绪。

当设计师为客户的"造梦"到达顶点的时候，谈话节奏要缓慢地往回收，怎么收呢？比如讲到餐厅时客户的情绪兴奋到极致，所有的设计构思客户都非常满意，这时你就可以预留一些当下解决不了的问题，你可以跟客户这么说："这些问题还需要时间去仔细考虑。"下滑的谈单节奏也可以到此停顿片刻，把问题留给时间，然后做最后的收尾——签订单合同。

只要设计师的造梦设计构思，使客户的情绪达到兴奋的顶点，这个单子即使当

下没签，客户说需要回去考虑一下，也不用担心，十有八九这个客户已经被你拿下。如何判断客户对你的设计构思是否产生兴趣了呢？并不是靠设计师的自我感觉来判断，而是通过告别时客户与你握手的强度来判断，具体可以参考第三部分中“察言观色及培养感情”这一节的内容。

设计师在谈单过程中的导演机制与同伴协同

谈单，需要设计师和同伴之间协同作战，说得形象些谈单就是设计师自编自导的一场戏。设计师既是导演又是演员，在这个过程中，你要把握整个事件的节奏，你的设计部经理什么时候上场，你的老板什么时候上场，你的业务员什么时候上场，这些客串人员都说什么台词、怎么说，这些都需要你这个“导演”全权把控，这就是导演机制和同伴协同的作用。

设计师在谈单过程中不仅是一个掌控全局的“导演”，还是一个具备表演基本素养的“演员”。

如何做好一个“演员”

设计师在签单过程中虽说只是“业余演员”，但也需要具备一些基本素养。

首先，让自己身临其境地感受演员的身份。根据与客户之前的聊天，了解他喜好的风格，可以找一套符合客户喜好的实景图，跟客户聊一聊效果图背后的故事，包括你在谈这单时遇到的这样、那样的问题，你是如何解决的，实景图里的家具、灯具是如何绞尽脑汁搭配的，也可以跟客户介绍所展示项目的业主的职业、偏好、生活习惯等。总之，讲述的设计细节和沟通细节越多越好。

若你给客户看的是一个中式家装的实景照片，可以用举例子的方式跟客户说：“这个房子的业主是做金融的，比较强势，他就喜欢中式，但是他的太太非常喜欢现代风格，我能看出来她敢怒不敢言，于是我私下跟这位先生说，咱们男人也得照顾一下媳妇儿的情绪，您把卧室留给太太，让她按照自己喜欢的风格装修，客厅是您主要的活动区域，按您的意思来，您看这个地方这样设计行不行？”从设计谈到生活，从生活再聊回设计，最后跟客户说：“这是我给之前业主做的比较人性化的设计，您可以把您的需要和喜好告诉我，我才能给您做出更详细的设计。”

当然，在与客户沟通中，适当的吹嘘、夸大是可以的，一般客户没那么多时间去验证真伪。但是，“吹牛”时候注意别太过，别说你全国哪儿的设计都做过，让客户产生质疑。

另一个场景是跟客户描述你做的效果图。这个练习就是为了谈单过程中“表演”这个环节做准备工作的。嘴上功夫除了语速流畅，更要语言生动，比如讲述的时候适当地加一些语气词和音效声，像模仿家装时的电钻声啊、钉东西的声音等，增强你的语言表述的生动性。

家装设计师的亲和力、沟通力与销售力

我曾经有一个“花名”——师奶杀手，因为在我刚“出道”做设计师的时候，遇到爷爷、奶奶一类的老年客户，单子一谈一签，几乎百发百中。总是想他们之所想，还经常爷爷、奶奶地叫着，很招老年人喜欢。所以，在与老年人谈单时，亲和力是必不可少的。但是，高端客户对亲和力是有一定“免疫力”的，这时候设计师需要更多地展示沟通能力和营销能力，因为高端人士经常出入服务性的高级场所，早对“甜言蜜语”防疫了，这个时候，亲和力只是一个附属品，沟通和销售能力才是需要练习和提高的。

尤其是女设计师，在步入设计行业谈单之初，亲和力是杀手锏，但是随着你接触客户的层次的提升，亲和力反而会减弱气场甚至成为谈单的绊脚石。所以，亲和力只是你前期不太会谈单时的一个得力工具，但是，当你到达一定高度，开始接触高端客户的时候，就要去重点开发你的沟通和营销能力了。

理念创新与设计创新

设计上几乎不存在创新，前提是不做工装。谁也不能把 80 平方米的房子设计成有 100 平方米的实际空间。所以说，设计方面也就是大同小异。可以创新的只有理念。比如，色彩概念上的创新，让空间产生拉伸感。把蓝色调和红色调放到一起形成的跳跃感，能让 25 平方米的小客厅产生 30 平方米的视觉错觉。其实就是冷色调和暖色调之间的对比，拉伸出空间美感。或者在暖色调里挑两种或者多种颜色使其互补，让空间有比较强的流动感，让人在情绪上感到舒适。这就叫颜色上的空间概念。

我经常跟客户这样描述空间拉伸的概念，我们旅游时经常看到，近处的山是绿色的，再远一些是紫色的，最远的山是蓝色的，这就是视觉空间差产生的效果，所以在设计上用两种颜色搭配会让人感觉空间拉开了，这就是颜色的魅力。

给客户讲述的这些就是理念的创新，进而用理念带动设计的创新。我从色彩角度讲是理念创新和设计创新在谈单时的运用，其实只有一个目的，让客户觉得你很专业，只有觉得你够专业了，才能给予你足够的信任。

第五部分
家装设计师的谈单思路

室内设计行业分为家装和工装两大类。特别是家装设计师在谈单时，会遇到各行各业、形形色色的客户，一个营销型家装设计师不仅要设计技能过硬，更重要的是要洞察不同类型客户的心理状态，了解客户的家装设计需求，才能策划出行之有效的谈单方案。

家装设计师的谈单思路与技巧

家装设计师讲空间审美的艺术，是以满足客户意愿为最终诉求。装出来的空间或高档精致，或经济适用，既要讲究空间艺术感，又要追求舒适实用。

如果你所在的城市是以框架房为主的话，要做到两点：一是多记录和了解问题；二是少回答问题，保留思考余地。

如果是砖混房，不可改动结构的房子，需要做到的是：少说话，多听客户的布局思路。因为砖混房很多墙体是不能动的，客厅、卧室、厨房等都是固定的，不能“乾坤大挪移”地把客厅改成卧室、卧室改成卫生间。等客户说完空间规划的想法，设计师可以从设计的概念层面与客户沟通，比如用什么颜色搭配，用什么材质表现效果会更好，选择哪类家具搭配空间会更突出客户想要的效果。

家装设计基本的谈单理念要遵循一个原则：客户提想法，设计师交答卷。在交谈过程中，对客户问题的记录很重要，当你再次与客户沟通的时候，这些笔记就是你解决问题的依据，可以对照这些问题，讲解你的设计想法，帮助客户逐一解决这些问题，这样客户会觉得你很专业、很尽职，所以说做好问题笔记是获得客户信赖的积极有效的好办法。

四大难谈职业

我们重点来分析四大难对付的职业的客户：医生、会计、教师、律师。

医生。这个职业的特点是——仔细、谨慎、细致、洁癖、偏爱白色。跟这类客户谈单，设计师要做到：
第一，比他更细致、更仔细。
第二，让他主动地去思考，不要去引导，更别妄想去忽悠。
第三，一定要全面地考虑问题。
第四，谈完所有的设计及问题之后，给客户足够的思考时间。

会计。这个职业的特点是——精打细算，对数字特别敏感。跟这类客户谈单，设计师要做到：
第一，你要比他更了解、更明白设计运作的成本。
第二，预算要精准，要清晰明了。针对会计，在合算的数字上一定要小心翼翼地去做。

教师。这个职业的特点是——善于说教，不喜欢被否定。跟这类客户谈单，设计师要做到：
第一，以委婉的口吻引导他，在回绝他的同时认真地帮他分析问题。切忌直接地说“不行”“不能那么做”。
第二，以职业的修养先给予肯定，再给予建议。
第三，以“师”的姿态，同时用专业性词语跟客户聊天。

第四，必须以标准的普通话跟客户聊天。方言太重会削弱你知识渊博的形象。
第五，与客户更多地沟通空间设计的理念以及搭配的技巧。

律师。这个职业的特点是——细抠合同条款。跟这类客户谈单，设计师要做到：
第一，为客户耐心地讲解签订合同的目的。明确合同条款的制定是以国家相关法律和装饰行业内的标准条款为依据，如果客户对合同条款不满意，双方可以共同协商。
第二，安抚客户，同时告诉客户合同只是一个形式，做事的是人，主要看的还是人。
第三，表明自己认真服务的诚意，让客户放心。

关于家装客户中的成员应对

家装，顾名思义，家庭装修，肯定会涉及多个家庭成员。面对客户复杂的家庭关系，设计师只有找准自己的位置，才能察言观色，从中周旋，顺利促成签单。针对几代人如何沟通？如果遇到父母和孩子两代人住在一起，比如父母喜欢中式，儿女喜欢欧式，双方意见不统一的时候如何沟通？需要做到以下几点：

（1）听，听谁最有话语权。
（2）看，看谁在其中的气场更足。
（3）分析，分析话语权和气场这两者是否集中在一个人身上。话语权和气场可能集于一人，也可能分属两人。
以上三点缺一不可。

多人组成的客户，话语权在谁手里直接决定了单子的去留，所以话语权尤为重要。那么，如何确定话语权的持有者呢？

第一，先提出问题，去试探你的怀疑目标，让他给你答案或者给予反馈。分析答案和反馈信息，确定话语权人。
第二，确定话语权的归属之后，设计师的思考方式要略微偏重于拥有话语权的人，但也要安抚另一边的人，两者兼顾。一定要注意，思维不能偏重太多，另一边的人会觉察，在日后的交流或装修过程中可能会“敌视”你。

第三，减少你和话语权人之间的隔阂，但要注意度，距离要恰到好处。

这就需要设计师在两代人之间做好协调工作，不可得罪任何一方，充当两方的调和剂。我曾经接手过一个家庭客户的单子，儿子结婚要装修，父亲要装成中式，父亲认为儿子结完婚就回他们工作的城市了，不常在家居住，老两口在这个房子里居住的时间长。儿媳妇认为一辈子就结一次婚，希望装成欧式风格。两代人因为装修风格僵持不下，儿子夹在中间左右为难。其实这个问题很简单，因为很多西方富裕家庭都以拥有一两件中式家具作为格调的标志。中式家具可以很协调地摆放在现代欧式的住宅里，与其他家具完美地混搭，而不觉得空间单调。我向这些家庭成员解释了中西结合装修设计的优点以及所营造的艺术品味，并向他们展示了一些典型的中西混搭设计的图片，解决了他们的家庭困惑。于是，他们顺利地交了定金，请我出一套详细的设计方案。

家装客户夫妻间的性格差异诊断与快速定位

在家装客户中，遇到意见不合、互相争执的夫妻客户是常有的事，这时需要设计师在中间扮演和事佬的角色，与此同时，还要通过两个人的气场、谈吐以及他们的说话方式来判断谁是最终决断者。然后做到以下两点，这类单子基本就是你的囊中之物。

第一，用事实去说话，争论是无济于事的。比如一个想要欧式装修风格，一个想要中式风格，谁也说服不了谁，这时你要告诉客户，在没有实物去参照、没有效果图去参考的情况下，争论是没有任何意义的。

第二，帮助客户衡量设计元素的分割点，同时把话语权揽到自己身上。这是什么意思呢？比如说，颜色偏深是中式和古典欧式的共同点，这一点就是设计元素的分割点。同样的一块屏风，喷成深色就是中式，喷成白色就是欧式，设计师可以把颜色和形体做一个整合。通过设计元素的分割点来掌握话语权，告诉客户他们想要的装修风格是有共同点的，设计师可以帮你们实现，要让客户感觉到设计师才是拥有设计风格话语权的人。

对期房客户的谈单思路及分析

期房是相对于现房而言的，谈期房的单子需要的周期比较长，至少半年甚至一年以上。期房的客户有两个共同特点：

第一，运用活动折现对比谈单的方式，让客户看到实实在在的折扣率。
一部分期房客户，由于在购房时，花费了大量积蓄，往往在装修时会“斤斤计较”，他们热衷于参加各种活动。针对此类型的客户你就可以用活动折现对比谈单的方式，把活动折现合算到工程总价上，让客户看到实实在在的折扣率或者说折扣价。也有一部分期房客户持观望态度，这类客户属于自主性非常强的，设计师就不要追得太紧，否则容易引起客户的反感。

第二，画饼充饥。给客户预热，为客户描绘将来搬入新家的美好幸福生活。
这几点说起来容易，但是做起来很难，所以需要你提前认真地做好规划。
很多设计师经常遇到要 1 ~ 3 个月必须完工的，所谓的“期房”客户，在我看来这么短的周期实际应算现房。那么，对 1 ~ 3 个月要完工的项目，设计师要怎么做呢？
（1）合理地规划客户的时间。
（2）了解和掌握所有前期必需的知识，比如跑主材、看壁纸等。
（3）多跟客户沟通，引导客户了解你的设计思想。
（4）多了解客户的日常需求，知己知彼百战不殆，才能做出符合客户口味的设计。

对网单客户的把控及谈单思路

对于网络的单子，一定要做好三防：时间上的防范、行动上的防范、等待上的防范。时间和行动上的防范需要格外重视。除此之外，设计师还要注意哪些细节呢？

第一，试探。客户到了公司后，在跟客户沟通的时候，先试探他的有效性和准确度，看他这个单子是否符合公司谈单的价格底线。比如客户 100 平方米的房子想 4 万元大包，这个价格根本不可能做下来，那你就可以"挥一挥衣袖，不带走一片云彩"了，不用再谈了。

第二，设门槛。门槛怎么设？以忙为借口，让客户等，看他的诚心怎么样。这是跟客户进行的一场心理战。比如你跟客户约的是下午 5 点，你可以 5：10 或者 5：20 到小区，如果客户等不了这十几分钟，那说明这个单子不是有效信息，即使你量了房，他也不会去你公司，最后只能落得"煮熟的鸭子飞了"的兴叹。

第三，谈价格。及早地涉入价格，为什么呢？因为网络客户很多都是图便宜，很多都不需要装修，只是刷墙、铺地。如果客户连公司给的最低价格都接受不了，你也不可能为了这一个单子去压价，那这个单子签了也没有任何意义。所以谈价格，是你从网单中快速筛选有效客户的比较直接的办法。

第四，谈实际情况。比如，可以提早告诉客户，他的房子离你公司有点远，坐车大概需要一个小时，如何他能来公司的话，可以接下来慢慢谈。如果客观实际存在的障碍无法清除，趁早别浪费精力。还有一种客户说你能不能先给我一个平面方案和预算，我可以负责地告诉大家——不可以。因为客户可以拿着这些东西去找别的公司谈，那你就充当了一把免费劳动力。就算你来来回回地去客户那里谈，他最后也不会把单子给你，因为他没来你公司，不知道你的“庙门”在哪里，也不知道你的“庙”是大还是小，你跑了怎么办？

信任是建立在双方都了解的基础上的，你对他有怀疑，他对你也一样。所以这样的单子就别接，别抢着去做“冤大头”。在工作中，你可以利用实际存在的问题来检验客户签单的诚意，比如告知客户你们公司使用的瓷砖、涂料品牌，问他哪种价位可以接受，等等。也可以用分摊式营销模式给客户打好预防针，否则后续过程中出现问题就比较麻烦，会导致你前期做出的努力付之东流。

别墅客户的设计分析及谈单

别墅的装饰设计主要考虑生活和品味两个方面。别墅所涉及的空间比较多，像酒窖、高尔夫球场、影视厅等，所用到的材料和家具也都是比较高端的，所以别墅客户对档次和品质的追求会更高且尽善尽美。谈这样的单子设计师在考虑物质功能的基础上要体验客户对美的理解。

第一，客户的身份与品味。
每一个细微的设计都能够折射出主人的修养，在设计中可以利用材料、家具、软装配饰体现客户的审美品味。

第二，追求功能的合理性和使用的便利性。
影视厅要考虑隔音处理，酒窖要考虑恒温，恒温就要考虑到墙暖的问题，还有别墅中是否安装电梯等。

第三，基础功能的安全、稳定。
房子中的采暖系统、给排水系统、安防系统、制冷系统、电路系统等，在设计中要确保安全运行、简单操控。

第六部分
工装设计师的谈单思路

工装与家装的使用目的截然不同，工装谈单的思路一定要另辟蹊径。

设计师在工装项目中的作用

工装的核心问题是让客户的投资回本赢利，空间造型可以简单一些，但项目做出来要为客户解决问题，使其回本获利。

在整个工装项目中，设计师是操盘手的角色。什么意思呢？设计师在整个项目中起着举足轻重的作用，不单单是把设计图纸做出来让甲方接受就可以，还需要在设计规划、施工规划及配饰规划等方面去全盘操作。

作为主案设计师，就像要上战场的将军了解你的军队一样，入场之前了解项目所有的工序、所有的材料、所有的人脉、所有的关系网。为什么呢？因为你的客户能在当地做起这么大的项目，是有一定的实力和人脉关系的。你要为自己做好充分准备，才能在整个过程中有足够的能力去解决各种问题，否则后期整个工程可能会丢掉。

建议做工装项目时，去做驻场设计师，在施工现场办公，根据现场实际情况实时调控图纸，因为主案设计师出的设计图纸在现场施工时可能不符甚至出入很大，这样驻场设计师就可以方便及时地调整不符合要求的部分图纸，保证设计意图不变。一般上百万元、上千万元的工装项目都需要驻场设计师。驻场设计师非常辛苦，除了要承受现场脏、乱的施工环境外，还要与甲方深入沟通、做节点深化、画工程竣工图。如果设计师想积累施工经验的话，驻场设计师是进步最快的方式。对设计师来说，只要做过一个项目的驻场设计师，对施工工艺的理解就会非常清楚、明白了，只要吃得下这份辛苦，日后再做工装就可以“所向披靡”了。

另外需要注意一点，一般情况下，工装的消防部分装修公司是不管的，因为一般的装饰公司没有消防资质，但是作为工装设计师一定要了解相关消防的红头文件的内容，做到心中有数。

项目的良性诊断

对工装项目的分析主要涉及哪些方面呢？第一，垫资项目绝不考虑。除非你有很硬的关系网或者后台，否则一般人垫不起。第二，分析工装中的人情世故。第三，考察整体的实际状况。首先你要问一下甲方的时间规划，如设计的周期、施工开始时间、开业时间、运作时间等。然后根据这个时间看资金是否对等。以上三点考察都没问题了，才可以认为它是良性的工装项目，这样的工装有利润空间，有价值去做。

还有一点需要注意，50 万元以上的工装还有 10％的押尾款，这叫工程质量保证金，项目建成运营半年到一年内才会返还，其实一个工程一大部分利润在这个尾款里，所以前期做预算报价的时候，要把这 10％的质保金做到前面的款项里。但是在 20 万元以内的小型工装项目是没有押尾款这种情况的，如果客户要押款你要跟他说明情况，绝不押款。如果是国标大项目的话，需要花几万元请专业人士做定额报价，而且做这样的大项目还需要设计师有室内设计资质、施工资质、预算资质，要求更细、更多。

工装客户的类型分析

工装客户比较多见的是主见型性格，他们对项目理解非常透彻。针对这样的客户，谈单的时候一定要做好充足的准备，交谈中不要慌张，讲话要沉稳，我在这里强调“充足”二字，是指水路和电路的设计。我建议设计师如果有机会，可以学习一下水路和电路的知识。比如工装中的水路需要做给水图，包括上水和进水，也要懂得配电箱和弱电箱的配法。

如果是像小服装店或者百十平方米的办公室这样的小型工装项目，设计师可以按照家装的谈单模式来谈。

分析工装中的人情世故

前面讲述工程的良性诊断的第二点就是考察其中的人情世故。为什么要分析工装中的人情世故呢？因为它是决定谈单成败的重要因素之一。

谈工装项目，设计师代表乙方，客户是甲方，甲乙双方之间有一个中间人起撮合作用。谈单过程中，如果设计师没有机会见到甲方的项目负责人，不能与甲方负责人直接对话，那么趁早放弃这个项目，因为一个单子多个中间人在中间传话弊端很多，会导致你对客户的意图产生理解上的偏差，另外，你的设计构思也会传达得不到位。要知道，一旦这个单子开始，你就已经进入垫资状态，比如车船费。所以你必须要判断这个中间人和这个项目的大权在握者或者说投资人的关系是否亲密，能不能直接搭上话，这一点非常重要。

关于小型工装项目的产品分析及谈单

小型工装投资是较小的，成本较低。所以，设计师设计规划的时候就要投其所好，帮助客户压低成本、创造利益，你的方案就会是好方案。那么你就要考虑用什么材料，哪些材料经济、实用、美观，这是设计师要去思考的问题，非常重要！

在材料选择方面，因为小型工装项目完工后的生存周期一般是两年左右的时间，像美容院、酒店、KTV 等基本上两年后就要返修。也就是说你要保证小型工装使用的材料至少使用两年以上。所以在材料的选择上，如果客户没有特殊的要求，可以不必选用价格特别昂贵的材料。

在产品设计方面，如果是餐饮、娱乐空间，设计一定要有创意，追求个性。如果是办公空间，就要注意空间布局的合理性和设计的档次，在资金有限的情况下，确保办公环境的设计品质，所以建议把接待区、洽谈区和总经理办公室作为设计重点，员工区做到简洁、美观。在谈单中，可以着重围绕接待区、洽谈区和总经理办公室等重点区域做分析，其他空间简略带过。下面具体分析一下会所、洗浴中心、酒店空间设计以及谈单的技巧。

一、会所空间设计的分析及谈单技巧

私人会所是一小部分群体聚会的地方，以追求尊贵、豪华、舒适的娱乐体验为主，一般的会所是集餐饮、KTV、住宿于一体的娱乐空间。在设计上要遵循以下两点原则。

首先，在设计上要综合考量空间的造型设计和氛围营造，功能上还要考虑音响设备的效果和墙体的隔音效果。

其次，功能分区要合理。要综合考虑客人的活动路线，比如说客人来了肯定是先吃饭，怎么吃、在哪儿吃，吃完了去哪儿唱歌、去哪儿休息等细节，一定要做详细的考察，保证合理的动线和功能分区。

二、洗浴中心空间设计的分析及谈单技巧

一般洗浴中心的面积都比较大，少则几千平方米，大则上万平方米，至少1000 平方米才能开得起洗浴中心。池子的大小、淋浴区的大小、人的活动空间等方方面面都需要做好合理的空间划分。

做人流的动线设计时，要反复分析、考察客户去哪儿领牌、去哪儿更衣、去哪儿泡池子、去哪儿搓背、去哪儿汗蒸、去哪儿冲洗，然后去哪儿休息、去哪儿做足疗、去哪儿做美容、去哪儿吃饭，等等。

“乱七八糟”的环境是不适合女性设计师去做的，美容院女性设计师做的较多。美容院虽然一次的设计费不多，但是一般两年一翻修，因为两年风格就老化了，必须要改。我认识一个女性设计师只做美容院的设计，一年收益 300 多万元。

三、星级酒店与快捷酒店空间设计的分析及谈单技巧

货比三家分档次，酒店除了追求舒适、便捷之外就是档次了。因此设计师在做酒店工装时，先要问问客户的客房定价。比如单间 200 元左右（北上广可能要 800 元）通常属于低端酒店。所以，可以从酒店定价来考量其装修所需的档次。

具体来说，一般商务酒店或快捷酒店一个房间全部装完需要 15000 ~ 18000 元，除电器外其他都包含在内，如果包括电器的话则需要 2 万元左右。如果是星级酒店，一个房间完成装修需要 5 万元左右，其中包含电器。那么，普通和高档相差在哪里呢？基本是床上用品和小造型，比如高档酒店选择的床垫的舒适度好一些，床头的灯饰等小造型上更讲究一些。

以上讲的所有工装上的分析和技巧，对设计师来说非常关键的一点是什么呢？是体验。体验的越多，将来做工装的能力越强；体验的少，就只能待在一个地方做家装。

第七部分
谈单过程中的其他关键问题

谈单是一个与人交流的复杂过程，设计师只有博学多识，才能见招拆招。设计师只会闷头画图是远远不够的，即使设计的作品再漂亮，如果没有客户为之买单，也只是纸上谈兵。因此，除了前面讲到的系统的谈单技巧外，还有一些关键问题需要设计师在谈单过程中重视起来。

文化型空间语境在设计中的组织与运用

室内设计师是空间时尚的引领者，那么你的言谈是不是应该有深度、有品位？我们一定要有这种文化自信和专业自信。丰富的专业知识和良好的语言组织能力才能让你签下高端客户。

所以，要具备这样的能力，平时不只要看设计专业方面的书籍，还要多读一些国学、历史方面的书籍，提高自己的文化修养。多看一些专业案例解析的设计书籍，学习书中恰到好处的语言表述，并将它们应用于实践。

就像《舌尖上的中国》，一个简单的食物被描述得美轮美奂。这就是语言的艺术。设计师要锻炼自己的语言表达能力，每天刻意练习，做到熟能生巧。

国学知识

我们为什么要涉猎国学知识呢？因为这是设计师的必修课程。

首先，咱们毕竟是中国的设计师。

其次，中国90％左右的大企业家、从政人员的装修风格以中式风格居多，欧式风格较少。中国大部分中老年人，特别是企业家，对中式风格情有独钟，因为中式风格表现出的端庄、内敛、含蓄的东方意境，是主人个人修养和文化内涵的体现。而从装修价格来说，中式风格与欧式风格相比较，中式风格造价更高，比如紫檀木、花梨木等，但是营造出来的格调更低调内敛、有韵味。

中式装修风格越来越符合大多数客户的口味，大单客户尤其钟爱。所以，国学知识的掌握是一个签单设计师的必备修养。

关于设计项目的预算控制与预算编制

谈单过程中有 80％的单子是败在了报价上，前期谈单的时候哥哥、弟弟叫得热乎，一聊到报价，脸立马就冷了，说报价太高。但是真的是报价高吗？其实在工序相同的情况下，公司和“游击队”的差距基本上在两三千元左右，北上广除外，装饰公司就差在管理费上。公司要保证客户的售后质量，这些售后包括用的材料、消耗、辅料，还有养活工人的钱，公司都要从这单的所得利润里扣出，装饰公司不可能一分钱不挣。小公司很不稳定，很有可能今天干完活，明天就倒闭了，客户根本找不到人。

遇到直接问价的客户，可以先报一个两万多元的底价，只包括刷墙、铺地，先将客户留住，再做进一步沟通。因为空间多少都需要布置，开关插座要挪动，开关连着哪些灯、怎么连，都需要设计师设计，然后再做增项，这叫低价切入高价收取。

还有一种情况，和客户谈妥，要出最后报价的时候，有些设计师会犯一个毛病：太“诚实”。有一类客户，在最后出报价时会让你加些小东西一起报价，他想看看最终需要多少钱。有的设计师，就实实在在地把这些都加上，最后客户一看报价：太贵了。直接把客户吓跑了。所以这个时候，要对客户加以引导，比如跟他说装饰公司的家具都是人工定做的比较贵，从市面买的家具可能会比较便宜，但空间利用率会大打折扣。

如果客户非要加进去，我建议你做两份报价，一份含家具，一份不含，将两份报价的不同之处用彩色笔标注出来，起到提醒的作用。因为客户不可能每一项报价都仔细看，重点是看合计。

我们可以利用心理账户的存在效应，让客户大钱小花，让他们自己选购或者设计师带客户去选购。钱一下子花出去是难受的，一点点地花，客户心里就不那么难受了。世界上没有绝对的小气和绝对的大方，要引导客户认可商品的购买价值，他自然愿意为商品买单。

如何解答和回避材料对比

谈单的时候，客户经常会问到这样一个问题：你们公司用的材料到底怎么样？对于这个问题的回答，有三种情况。

第一种是小型公司。设计师可以剥丝抽茧地为客户层层分析："小公司麻雀虽小但五脏俱全——办公楼租金每月要几万元，装修、成本、运营等叠加起来每个月也要几十万元，投资是为了长久经营，企业要生存的根本是质量。"

（1）小公司不用承担过多的广告费用。

（2）公司人员精简，无闲人。

（3）公司处于发展期，想要在这个市场占有份额，质量必须过硬。

第二种是中型公司。质量依然是根本。"低价是因为公司要增大市场的占有率，有必要以拓展客户为主，利润低一些，寻求长远的发展。"

小型公司和中型公司都是发展型的公司，都是在积累客户群、赢得更高的市场占有率，都是处于追求质量、攒口碑的阶段。

第三种是大型公司。公司规模大、人脉广，总之，就给客户传达一种意思："只有你想不到，没有我们做不到的，拼的就是实力。"

除此之外，下面对“专供”这个词做一下解释：

（1）如果你所在的公司不用专供材料，可以跟客户解释专供材料没有参照物，所以没有可比性，无法判断这个“专供”属于哪个档次。

（2）如果你所在的公司用专供产品，说明你所在的公司与供应商形成了战略合作关系，可以让其为公司专门定制且将利润值降到最低，装饰公司可把这个利润无形地反馈给客户，让客户受益。

如何解答和回避公司对比

谈单过程中，客户提出的公司对比问题，无非是对公司规模、材料好坏、服务质量的质疑，面对这些问题，设计师需要巧妙地为客户解惑这些对比，尽量突出你所在公司的优势。

如果你所在的设计公司是中、小型的公司，可以将中、小型公司的灵动性的特点传达给客户。对于小公司，从签单到施工的每个环节，由于少了公司的层层批复，可以省去很多不必要的麻烦，能够节省不少时间。而中型公司更重视每一次为客户服务的品质，事无巨细，认真负责。

如果你所在的是大型设计公司，只需要让客户明白一点——公司实力雄厚。因为大型公司经办的项目众多，经验丰富，所以无论是在人力资源、材料资源还是服务质量上，无疑都是最强的。

在这里需要提醒大家切记一点：不要去诋毁任何一家公司，这种低级错误千万别犯。诋毁别家公司对你的谈单有百害而无一利，只会说明你人品低劣，损伤个人品牌形象，自毁长城。

解决谈单过程中客户的突发变化

谈单过程中被电话或者他人介入打断思路时，该如何应对？首先要把话语权掌握在手中。如果客户思路断了，要想办法把客户引导到你的主题上。同时注意客户的行为和动作。假如客户在打电话，你在整理思路的同时，要留意客户有没有聊与装修有关的话题并从中得到有效信息。还有一种情况，要观察介入你们谈话的人是否对客户的选择具有导向性，能否为自己所用。对于这样不请自来的闯入者，你要稳住自己的思路，做好防守和进攻的准备。

做有性格、有主张、有话语权的设计师

在谈单过程中，作为营销型设计师，你拥有什么样的性格，就会让周围产生什么样的气场,而气场的强弱就决定了话语权掌握在谁手里。如果你想做一个“牛”的设计师，谈客户时就先要有“我是最牛的设计师”的姿态。那么“牛”的设计师应该是什么样子的呢?

第一，要有个性。展示你与众不同的一面，让客户欣赏你、记住你。

第二，要有野性。对未来要充满信心，要有达到更高成就的目标。

第三，不要害怕失败。初入职场的设计师可以说是一无所有，谈单又不用投资，没什么可失去的，即使单子谈“死”了，但是经验学到了，再有类似的单子心里就有底了。这样来看，不但不会失去什么，还会有所收获。

第四，要善于包装自己。比如你初入行时老师让你做这做那，你要去思考老师让你做这些的目的是什么？要带着思想和思考去做事。

第五，要有自我。在自我包装上要有自己的个性，识别度高。

第六，要有模拟精神和不断学习、创新的精神。任何一个行业你都不可能永远走在最前面，所以模拟和学习是终身的修行。

第七，学会管理和规划日常的工作和生活。如果有些计划无法完成的话，就稍后完成，不得跳过和延误太久。去规划每天生活的点点滴滴，让做计划成为生活习惯，当你做到这一点，谈单的时候就能分清主次，做事就不会慌乱和无所适从了。

第八，没有借口，只有结果。如果这个单子没有签下来，就不要找任何借口，要从自身找原因，争取下次不再犯此类的错误，不断地调整、学习，提升自己。

最后说一点，所有的课程到此结束，但你们的学习并未到尽头，自我学习非常重要。学习、尝试模拟、找不足、调整提升，最后成为最“牛”的设计师。

第八部分
装修工程百问百答

工程合同约定条款及名词解释

问：家装工程使用的验收规范是什么？

答：家装工程主要以各地区的《住宅装饰装修验收地方标准（315 标准）》作为验收规范，主要适用于新建住宅和使用中住宅二次装饰装修的验收，也适用于供需双方签订装饰装修合同中的质量依据。同时实行四级验收标准：

（1）工人自检。

（2）项目经理验收。

（3）监理验收。

（4）公司组织抽检。

问：可以改变部分墙体结构、增强设计效果吗？

答：设计师会为你提供最满意的设计方案，但是改变墙体功能的前提是要确保建筑物的安全性和整体性，不得随意改变建筑物的承重结构，不得破坏建筑物外立面。

问：装修的流程有哪些方面？

答：与设计师沟通—交纳设计定金—确定装修方案—签订施工合同—交纳首期款—确定施工图纸并签字（双方）—交底—材料进场验收—水电改造—木工施工—隐蔽工程验收—泥工施工—中期验收—交纳中期款—油工施工—竣工验收—交纳尾款—拓荒保洁—进入售后服务。

问：工程的施工内容有哪些？

答：给排水管道施工、电气布线、抹灰、镶贴、木制品安装、门窗安装、吊顶安装、花饰、涂糊以及装设需要设计公司安装的主材。

问：工程施工的基本原则是什么？

答：应遵守法律、法规和有关规定，并应遵循安全、美观的基本原则，在设计与施工中必须贯彻国家、行业和地方有关安全、防火、环保、建筑、电气、给排水等现行标准和技术规范。

问：工程预算报价为什么是以项目为单位，不是按清单分开报的？

答：工程预算报价是以每个项目为单位报价的，这样可直观地了解每个项目要花费多少预算，不采用清单分开报价的原因是为了减少清单科目多，客户无法知道钱花在哪儿的困惑，以项目为单位报价会更透明、更清晰，并可以杜绝虚报材料用量的情况。

问：装饰公司与装修队的区别？

答：装饰公司有可靠的材料、专业施工管理体系、专业的设计师、完善的售后服务做保障。而装修队俗称“马路游击队”，他们在施工中可能会调换材料、吃回扣而且无人监督施工质量，流动性强，售后服务无法保障。

问：装饰公司有几种承包方式？

答：主要有两种承包方式。

（1）全包。也叫包工包料，所有材料包括家具、后期配饰、灯具、壁纸、窗帘等采购和施工都由装饰公司负责，相对省心省力，责权清晰，全部工料都由装饰公司负责。

（2）半包。也叫包工包基材、辅料，主要负责施工和基材、辅料的采购，主材（包括地板、洁具、橱柜、墙地砖、厨卫电器）由业主采购，也可认定品牌及价格由装饰公司代购。

问：施工人员的工种有哪些？

答：家庭居室装修虽然没有公共建筑装修的规模大，但它也是由多个工种相互配合、协同施工、共同完成的，通常有泥工、电工、水工、木工、油漆工等工种。

泥工：主要从事居室装修墙地砖铺贴及砌体、地面找平等工程。

电工：主要从事强弱电路的改造，开关插座、灯具（主灯除外）的安装，计算线路负荷、线号的合理使用。

水工：主要从事上下水管的铺设及连接。

木工：一般的装修，木工自始至终贯穿整个过程，木工主要从事家具的制作、细木制作（窗帘盒、暖气罩、木护墙、木隔断、包门及门套、窗套、踢脚板、花饰装饰线）、造型吊顶、木地板铺设。
油漆工：油漆工在家庭装修中处在施工后期，主要从事墙面、地面、顶棚、家具等粉刷喷涂，在整个家庭装修中最能体现装饰效果。

问：报价中材料、人工费各占的比例情况？
答：预算中材料、人工费直接发生在装修的费用中，预算中材料费的比例相对较大，这是根据材料数量、单价来确定的。人工费是根据设计要求、复杂程度、施工难度的大小来确定的。

问：旧房改造应注意哪些问题？
答：一、电路是否老化，线路是否能满足最大用电负荷。
二、水路水管是否生锈、老化，是否能承受一定的压力。
三、墙体、卫生间地面、厨房是否有渗漏。
四、原墙面、顶面粉刷层是否能达到一定强度，不脱落，无网状裂缝以及空鼓。
五、原结构是否存在施工质量缺陷，装修是否能够修复。

问：施工中的水电路改造费用是怎样计取的？
答：有两种。
一、水电“包死”，就是按照装修房屋的套内面积预收一定的费用，根据面积、居室的多少规定改造项目。
这样做有三个原则：
（1）多退少不补；
（2）这些改造项目基本上能够满足客户的生活需要；
（3）超出改造项目范围，如果有其他特殊要求需要另付费。
二、水电改造项目据实收费，就是水电预收一部分费用，水电完工后按照实际的施工米数来测量，走1米水电装饰公司就收取1米的钱，预收费用多退少补。这样客户可以按照自己的生活习惯来确定水电改造的工程量。

问：设计师口头承诺业主的项目是否有效？

答：项目经理按图施工，口头承诺不受法律保护。

问：合同中约定的工期一旦延误如何处理？

答：首先要确定工期延误的原因，再针对性地做出处理方案。

一、如果是因为业主方没有及时提供主材，导致窝工造成的工期延误，责任由业主方承担，工期顺延；

二、如果是施工原因或产品质量原因（仅指公司提供的材料及代买的材料）造成的工期延误，所造成的损失由装饰公司承担，赔偿标准以双方约定标准执行；

三、因不可抗因素（包括小区节假日禁止施工、跨年度工程）造成的工期延误，双方都不承担责任，工期顺延。

问：如果发现装饰公司在施工时用的材料不好怎么办？

答：一般来说，装饰公司有自己的材料配送中心，施工所需的材料是统一配送的。装饰公司从材料厂商处进料时会对质量严格把关，从根本上杜绝了假冒伪劣材料。此外，开工后，材料进场时，需要通过您的验收。如果发现质量与规定不符的可以不签字，并可要求立即更换。

问：如何预防预算少算（工程量小、单价低）、漏算？

答：一、逐项审查法：对照图纸和客户要求的项目逐项审查。

二、标准预算审查法：根据功能分区对有共性的墙、地、顶、踢脚线、顶角线等标准施工项目进行审查。

三、功能区分项审查法，例如功能分区中客厅、卧室、厨、卫等的划分。

四、对比审查法：根据公司内部单价和市场单价对比、施工难易程度对比、材料单价对比进行审查。

五、重点审查法：对设计要求有定制的和异形的材料、施工工艺等进行重点审查。

问：什么是工程变更？

答：工程变更一般是指工程施工过程中，根据施工实际情况和合同约定对施工的程序、工程内容、数量、质量要求及标准等做出的变更。

问：工程变更的原因有哪些方面？

答：（1）客户要求：例如项目增减、材料变动等。

（2）由于设计员没有很好地理解客户意图，造成施工无法满足客户要求，需改动的。

（3）工程环境的变化：预定的工程条件不准确，要求实施方案或实施计划变更。

（4）由于有新的技术和材料，有必要改变原设计、原实施方案或实施计划。

问：工程变更的范围有哪些？

答：（1）改变合同中（预算）所包括的任何工作的数量。

（2）改变任何工作的质量和性质。

（3）改变工程任何部分的标高、基线、位置和尺寸。

（4）改动工程的施工顺序或时间安排。

（5）其他有关工程变更需要的附加工作。

问：工程变更的程序

答：（1）提出变更：①业主提出；②设计人员提出；③项目经理（工队长）提出。

（2）工程变更的实施：提出变更后，由监理积极协调相关关系，以书面形式办理相关变更内容，并由项目经理（项目经理）、设计人员、客户认可后，方可进行变更项目施工。

问：因工程变更带来的费用如何计取？

答：（1）如是因为业主方提出的增减工程，以满足使用功能和美观性，因此产生的人工与材料费，由业主方承担；

（2）由于有新的技术和材料，有必要改变原设计、原实施方案或实施计划，该费用与客户协商解决；

（3）工程环境的变化：由于其他不可抵抗因素或者施工条件无法满足，要求实施变更方案，费用与客户协商解决。

（4）由于设计师没有很好地理解客户意图或施工质量原因，造成施工无法满足客户要求需要改动的，费用由设计师或施工队承担。

问：什么是文明施工现场？

答：（1）每日做到两次打扫卫生；

（2）材料堆放整齐；

（3）衣帽整洁；

（4）工地没有烟头，没有人吸烟；

（5）成品保护良好；

（6）工地形象良好；

（7）使用文明礼貌用语；

（8）工地必须设置公司形象标牌，有施工手册、施工进度计划表、效果图、施工图；

（9）规范统一的客户服务。

问：进入施工阶段，如果客户有疑问是找项目经理还是工程监理来解决？

答：可以直接找项目经理解决问题，他是负责整个工程的人员安排、进度安排、施工协调、施工质量和工程管理的负责人，也是代表装饰公司为客户服务的专人，会协调解决客户认为一切有异议的环节，如还不放心，也可以向监理反映，监理会积极地协调解决。

问：在施工中，施工队出现服务或质量问题时客户该怎么做？

答：一、如果出现服务问题，相关人员（项目经理、工程监理、工程负责人）应立即赶到现场，项目经理勒令因服务造成客户不满的施工人员当面向客户道歉并承担造成的相关损失，并根据公司相关制度处罚责任人，情节严重的予以开除。

二、如果出现质量问题，相关人员（项目经理、工程监理、工程负责人）应立即赶到现场，勒令停工并做整改或返修方案，造成整改和返修的损失由相关人员承担，并按公司相关制度处罚责任人，情节严重的予以开除。

问：施工人员的三级培训是什么？

答：是指进公司、进项目部、进班级三级培训（内容是施工工艺、工地形象、客户服务、安全等）。

问：监理的职责与权力是什么？

答：职责：

（1）负责整个施工过程中的客户服务、材料进场、施工协调、质量监控、进度监控工作，监理是代表装饰公司为客户服务的专人。

（2）质量控制：① 材料质量，例如材料进场应对型号、数量、品牌等予以确认，并和客户办理相关手续；② 工程质量（主要是预防和监控）。

（3）进度控制。

（4）编制施工进度计划。

（5）审核、会审预算和图纸，办理工程变更相关手续。

（6）协调办理工程进度款。

（7）遵守相关法律、法规和有关公司规章制度。

权力：有处罚权、返工权、停工权、复工权、检验权、工程进度款的签认权。该监理所做的决定应在 1 小时内汇报给客服部经理、工程部经理。

问：项目经理（工队长）的职责和权力有哪些？

答：职责：

（1）公司工程实行“项目经理负责制”。

（2）组织实施整个项目人力、材料等的配置和调拨。

（3）是整个项目的组织者和实施者、协调者。

（4）承担项目所发生的一切职责：安全、质量、进度、成本。

（5）组织相关人员办理变更手续，催缴工程进度款等。

（6）严格遵守相关法律法规和公司相关规章制度。

（7）到公司半年以上的项目经理（项目经理），满足公司对回头客的比率要求。

（8）承担项目所有连带责任。

权利：

（1）对预算和图纸存在问题的，有建议修改权。

（2）对整个工程质量、人员配置、材料品牌、型号、等级、数量的监管权。

（3）对不合格和不符合设计要求的材料有拒绝权。

（4）对不符合公司要求和不合格施工人员有开除权。

问：工程质量自控的要求有哪些？

答：（1）预防为主。把每个施工分项工程中容易出现的问题列举出来，告知施工人员，以预防为主。

（2）重点控制。对客户和设计有特殊要求的、施工难度大的、需定制的材料做重点控制。

（3）坚持标准。每个工艺坚持按相关标准进行检测。

（4）记录完整。填写施工手册。

问：巡检和培训在什么时间进行？

答：巡检在每周定时进行，参加人员为工程部经理、客服部经理、其他中层各一名，还有所有监理以及 2 ~ 3 名工队长。每月定期进行培训，其中每月不少于一次地在工地上进行培训（参加人员为所有工程管理人员）。

问：安全所说的“三宝”“四口”是什么？

答：三宝：安全网、安全带、安全帽。

四口：电梯口、楼梯口、通道口、预留口。

图纸会审、内部交底工作

问：内部图纸、预算会审参加人员的组成？

答：交底前由设计师以及店面经理进行图纸和预算会审签字，列举出图纸预算不足问题，合格后交于财务部，为后期变更做好准备。

问：技术交底参加人员、地点和具体内容？

答：由设计师主持、安排在客户所要施工的装修现场（合同约定地址），对业主、设计人员、监理、项目经理、水电工、材料导购人员以及外包方设计施工人员（中央空调、暖通）进行图纸讲解，尤其是关键部位讲解或特殊设计讲解、预算项目内容讲解说明，以及现场原状的交接、施工项目的明确、甲乙双方责任人的交流、工程顺利进行的前期准备。

问：交底时墙体有空鼓及开裂等问题由哪方负责解决？

答：问题严重的需要业主联系物业及开发商解决。

问：墙体裂缝的原因及处理方法？处理完后是否还会出现裂缝？

答：造成墙体裂缝的几种原因：

（1）墙体各层材质膨胀系数不同，例如保温墙、轻体隔断墙和砂灰墙贴合不一致。

（2）主体结构与非承重墙墙体沉降不一致，导致结构性裂缝。此种裂缝可采用相应措施进行补救，处理后在若干时间内有很大改善，但不能保证处理后不裂缝。

问：交底结束开工前业主应提供些什么？

答：（1）水电畅通。

（2）装修钥匙一把（至少）。

（3）如后期不再做防腐，需承担因此所产生的责任，防火及防水必须做。

（4）小区装修许可证明等。

（5）施工人员临时出入证。

（6）小区物业规定的装修保证金。

（7）其他非装饰公司承接项目的进度协调安排（煤气申请、中央空调、地暖等）。

问：物业收取的所有费用（押金以及其他）由谁提供？

答：由业主承担。

问：工地的工人有的时候都是一个人在干活，工队的人数不是固定的吗？

答：工地人员多少是根据工地施工的工作面和施工顺序来调配的。人员根据公司内部的装修项目进行流动。

问：工人的上岗证是如何办理的？

答：装饰公司需要和工人签订相关合同，并在装饰公司注册备案，同时经过公司的统一培训并办理相关的保险证明，才能办理上岗证。

水电工程

问：水电施工范围是什么?

答：强弱电路改造是指进户线配电箱、弱电箱后的线路改造，水路是从进户水路阀门开始敷设。

问：为什么水电管路铺设要横平竖直而不是选择近距离施工?

答：横平竖直的铺设是施工规范的要求，主要目的是保证电线的可维修，尽量减少因“月亮弯”造成无法更换；水管横平竖直是避免 PPR 管因弯曲而造成的管材断裂。

问：强电、弱电的导线能同时穿一根线管吗?

答：强电、弱电因为有不同回路和电压，所以不能穿同一根线管。

问：水管出口与电源所隔开的距离是多少？

答：水管终端安装不得靠近电源，以防渗漏而造成电器短路，它们之间的间距应不小于 300 mm，并安装防溅盒。

问：水管与燃气管之间的距离是多少?

答：燃气管与水管、排水管间的距离，在同一平面应不小于 300 mm，不同平面应不小于 150 mm。

问：电器开关与燃气管之间的距离是多少?

答：燃气管与电器开关的距离在同一平面应不小于 300 mm，不同平面应不小于 150 mm。

问：配线时，相线、零线是不是应该分色？如何区别?

答：应该分色，这样便于维修，相线用红色，零线用蓝色，保护线必须用黄绿双色线。

问：在什么情况下，厨房水路、电路走顶面施工?

答：水路、电路一般走墙面施工，如果遇到烟道、需跨越门口等无法走墙面时，走顶面施工（走墙面施工，如果后期需要维修，橱柜拆除或损坏由业主承担。走顶面施工如有维修，吊顶拆除或损坏由公司承担）。

问：水路改造需要留出什么样的接头？

答：一般坐便器的位置需要留一个冷水管出口；脸盆、厨房水槽、淋浴或浴缸的位置，需要留冷、热水两个出口。出口不要留少了或者留错了，最好叮嘱水路改造工人一定要注意，并且最好在改造结束后测试一下，看看各个出口出水是否正常，是不是热水管出水的时候热水表转，冷水管出水的时候冷水表转（一般水管出口都是 ¢ 20 ㎜的标准接口）。

问：有的装饰公司在装修中做水路铺设时，冷、热水管并排在一个槽里，为什么？

答：因为每个装饰公司的水路、电路铺设都是按实际发生量收费的，冷、热水管并排在一个槽里只有一根管按明管收费，另一根则按暗管收费。

问：装饰公司做水路压力试验，要达到多少压力值才算合格？

答：水路铺设好后，在管路中充满水，并关闭总阀门，用水设备和管路关闭，用增压器缓慢升压，升压时间要大于 10 分钟，多层房压力值达到 0.6 ~ 1 Mpa、高层房压力值达到 0.8 ~ 1.2 Mpa，在 30 分钟内压力下降不超过 0.05 Mpa，即代表水路合格、接头处无渗漏。

问：如果地面没下水怎么办？

答：根据实际情况由水电工进行改造。

问：为什么旧房改造需要全部更换线路？

答：根据住宅建筑电气的相关规定，通常电路铺设超过五年的，必须全部更新。五年以上经测试线径、照明线、空调线、插座线及绝缘状态绝缘阻值大于 5 MΩ 的一般可以使用，如果小十此阻值，必须要更换。

泥工工程

问：墙、地砖进场应注意些什么？

答：应检查砖的品牌、规格、型号、色号、数量等信息是否符合设计和业主要求。

问：墙、地砖施工前需要做哪些准备工作？

答：（1）确认施工部位。

（2）抽查材料外观是否有缺陷或者破损，并预排挑砖。

（3）釉墙砖（陶瓷类）充分浸泡 2 小时后并晾干（应相互错开）。

问：贴墙砖时，墙面应如何处理？

答：一般会用墙锢，但最好的方法是用水将墙面渗透，这样可大大减少墙砖空鼓的概率。

问：地砖的铺法有几种？

答：有干铺和湿铺两种。

干铺：是指用 1 ：3 的干硬性水泥砂浆，水灰比中，水分很少，优点是防止地砖起鼓、减少空鼓率、保证平整度、砖缝误差小。缺点是施工费用高。

湿铺：与干铺正好相反，施工费用相对较低。干铺应用于 600 mm × 600 mm 以上规格的瓷砖或石材铺贴。卫生间地砖必须湿铺。

问：贴墙砖时为何加中沙？

答：加中沙是防止墙砖出现裂纹、开裂，从而延缓水泥凝结时间。

问：有墙面凸出物时，如何铺贴？

答：应整砖套割，做到边缘整齐。

问：包立管为什么要使用红砖？

答：因为红砖与砂浆结合牢固度最好，这样做能有效防止阳角开裂。

问：铺地砖和铺石材的工价为什么不一样？

答：铺地砖和铺石材的工艺难度有很大区别。主要体现在以下两方面：

（1）现场湿作业加工量大，石材花色挑选相对于地砖要难、耗时长，增加了施工难度。

（2）石材的材质属性密度大、硬度高，也就是重量大、难切割，造成施工难度增大。

问：地面找平应注意什么问题？

答：地面找平时需将地面浸水，但不能直接泼水，以防地面积水下渗，出现漏水现象。

问：墙、地砖需不需要勾缝？

答：需要勾缝。可以用勾缝剂或白水泥（可用颜色调色）勾缝，颜色需与砖的颜色一致。

问：墙、地砖为什么会空鼓？

答：墙、地砖空鼓有以下原因：

（1）地面基层处理不干净或浇水润湿不够。

（2）垫层水泥砂浆铺设过厚或加水较多。

（3）瓷砖背面浮尘未除或用水浸润不够，铺贴时瓷砖背面污迹未清理干净，水迹过多，造成黏结不实。

（4）瓷质砖的国家标准吸水率是$E \leqslant 0.5\%$，陶质砖的国家标准吸水率是$E \leqslant 10\%$，瓷质砖的粘贴力远比陶质砖弱。瓷质砖的收缩膨胀率约为 4 ×10 – 6，混凝土的收缩率比瓷质砖要大一倍以上。当水泥出现收缩时，瓷质砖与地面的收缩率不一致，两个不同物体必然出现分离。

（5）由于瓷质砖吸水率较低，如在未与水泥完全粘贴时受到大的冲击力（如撬击等），就会造成砖与水泥两个不同物体出现分离，砖底呈干净状态。

（6）由于砂浆密度不一致，砂浆在初凝期完成后，出现沉降现象，从而产生空鼓、松脱的问题。

（7）水泥标号不符合要求等。

（8）与水泥的热膨胀系数不同，大规格瓷砖铺贴后存在温差应力，季节性的温差振荡，会造成黏结强度降低。

（9）产品本身背纹不合理或者附着非常多的砖底粉，在施工中未采取相应的预防措施。

（10）干硬性水泥砂浆任意加水，放置时间过长，振实不够。

（11）上人踩踏过早。

问：釉面砖墙起鼓、局部釉面砖脱落的原因是什么？

答：（1）基层干燥，浇水润湿不够，造成水泥砂浆失水过快，以及釉面砖与砂浆黏结力不足。

（2）水泥砂浆或胶粘剂涂刷时间过长，泥浆风干，不起黏结作用。

（3）基层不平整，在镶贴时砂浆厚薄不匀，砂浆收缩应力不一致。

（4）釉面砖施工前未浸水湿润，干燥的砖将水泥砂浆中的水分很快吸走，造成砂浆脱水，影响了凝结硬化。或浸泡后未晾干，镶贴后产生浮动下坠。

（5）基层或釉面砖施工前未清除砖浮土，砖与黏合剂没有结合。

（6）施工时砂浆不饱满形成空鼓。或砂浆过厚，操作中敲打过重，使砂浆沉入，水分上浮，减弱了砂浆的黏结力。

（7）砂浆凝固后进行移动釉面砖纠偏。

问：釉面砖墙起鼓、局部釉面砖脱落如何补救?

答：（1）按规定处理基层，浇水润湿墙面。

（2）釉面砖铺设前除去表面浮土，浸水湿润，放置阴干。

（3）镶贴时随时随地纠偏，严禁砂浆收水后再纠偏。

（4）镶贴时，每块釉面砖抹灰均匀、适量，粘贴后不宜多敲。

（5）镶贴后及时清理墙面。嵌缝必须密实。

问：釉面砖如何铺设?

答：（1）选择质量好的釉面砖背面，察看材质的细密程度，且吸水率小于18%。

（2）粘贴前用水浸泡釉面砖，将有隐伤的挑出。施工中不要用力敲击砖面，防止产生隐伤。

（3）水泥砂浆不可过厚或过薄。

问：墙面铺贴表面不平、接缝不直的原因是什么？

答：（1）釉面砖质量不高，尺寸误差大，挑选釉面砖尺寸时把关不严。

（2）施工时，挂线贴灰饼 、排砖不规范。

（3）粘贴操作不当。

问：墙面铺贴表面不平、接缝不直的防范措施有哪些？

（1）购买质量好的釉面砖。施工前，按釉面砖标准制作木框进行选砖，按照标准尺寸、大于标准尺寸、小于标准尺寸分为三类，同一类砖用在一面墙上。

（2）认真做好贴灰饼、找标准的工作，并进行釉面砖预排。

（3）每贴好一行釉面砖，及时用靠尺板校正、找平。避免在砂浆收水后再纠偏移动。

问：什么石材适合窗台板？

答：最好是人造石材，天然石材在长期光照下容易变色，产生色差。

问：防水层如何做？

答：（1）防水必须是一次性成封闭式防水层；

（2）墙面泛水一般高度为 300 mm，但是淋湿区墙面必须做到泛水高度 1800 mm 以上；

（3）防水做完后，必须做闭水试验（蓄水 20 ~ 30 mm，闭水时间为 24 小时）。

问：二次防水、防渗在什么情况下做？

答：（1）闭水试验时有渗漏；

（2）做过防水处理后拆除原墙体的；

（3）破坏原墙、地面的（拆除原墙，以及地砖、洁具、管线铺设等）；

（4）客户要求做二次防水；

（5）根据设计要求原泛水高度不够，需重新做二次防水；

（6）淋浴区防渗高度需做到 1.8 m；

（7）家具紧邻卫生间的墙面需做防渗。

木制品工程

问：实木门与实芯门有何区别？

答：实木门的材料是取自天然原木或者实木集成材。如胡桃木、柚木等。实木需要长时间的脱脂烘干，造价高。最大的缺点是易开裂变形、不易修复，这是木材本身的特性决定的。

实芯门又称实木复合门。门芯多以松木、杉木或进口填充材料等黏合而成，外贴密度板和实木木皮，经高温热压后制成，并用实木线条封边。具有保温、耐冲击、阻燃的特性。

问：卫生间和厨房能包木门套吗？会受潮变形吗？

答：可以做。如果淋浴部分没有隔断的话，木门套的下部会受潮发霉，下部可以做防潮处理。

问：高密度板可以做门套吗？是否会变形？

答：高密度板可以做门套。密度板是一次性高压成形的环保材料，不易变形。

问：用什么材料的隔断隔音效果好？

答：选用轻钢龙骨和石膏板，中间加隔音棉的做法。基层再加九厘板，从而增强墙体强度和隔音效果。

问：轻钢龙骨和木龙骨吊顶的区别是什么？

答：轻钢龙骨的优点是不容易变形，在防火安全性和平整度稳定性方面均高于木龙骨吊顶，在施工技术要求上也高于木龙骨吊顶。

木龙骨比较容易做局部造型，但必须做防潮和防火处理。

问：吊顶如何施工才能更牢固？

答：在反光灯槽或有造型处，除用传统木楔加铁钉固定外，还要用 ¢ 6×80 膨胀螺栓固定，使其生根于混凝土内。这样不会因为干缩后木楔脱落造成吊顶塌陷。

问：石膏板接缝预留多少？嵌缝用什么材料处理？

答：石膏板接缝预留 6 ~ 8 mm，最好用石膏嵌缝剂并加适量白乳胶分两次嵌缝，待充分干燥后，再贴白色建筑帖布或绷带。

问：在安装吊顶时，为什么要求石膏板整板套割？

答：在安装石膏板吊顶时，遇到拐角处或做造型时，选择整板套割，这样可以降低石膏板的开裂程度。

问：厨房必须做吊顶吗？

答：厨房尽量做吊顶。由于厨房油烟比较多，吊顶便于清理和掩盖结构缺陷。厨房吊顶材质多选用铝扣板材料。

油漆及安装工程

问：在旧房装修中，旧墙皮是否要铲除？

答：旧墙皮一定要铲除。因为旧墙皮容易粉化，使用时会与后来的披刮腻子产生分层，致使墙皮脱落，从而影响使用质量。装修时，如果发现墙壁是沙灰墙或者轻质墙，最好做贴布处理，否则容易产生裂痕。如果墙面情况不好可以铺石膏板，但这种方法造价较高。

问：为什么新房墙面的白灰层也要铲除？

答：原墙的粉刷层与成品腻子之间不容易结合，成品腻子批完以后，水分被原墙的粉刷层吸收，会出现墙皮脱落起皮的现象。

问：原墙体基层为腻子时，如何处理？

答：（1）铲除。

（2）若确实铲除不掉，应拉毛。拉毛应大于 75% 以上，腻子松动时清扫干净，刷墙锢一遍。

问：为什么批两遍墙腻子？

答：腻子不是批遍数越多越好，而是按照以下步骤依次进行。

第一步，根据墙面、顶面、阴阳角进行点批，把不平整的部位先进行找平，再用 2 m 靠尺检测阴、阳角是否顺直，并打磨光滑；

第二步，开始满批、打磨；

第三步，涂刷乳胶漆一遍、打灯光点补、修直、修平、打磨，腻子总厚度不超过 5 mm，单遍腻子厚度不超过 1.5 mm。

问：为什么在墙体批腻子之前，要用墙锢刷墙？

答：因为墙锢本身含有大量的胶性液体，起到界面剂的作用，涂刷之后，能使原墙面和腻子更好地结合。

问：涂刷工艺的施工顺序有哪些？

答：涂刷工艺的施工顺序应按照先上后下、先难后易、先左后右、先里后外的顺序施工。

问：在什么情况下适合做涂油饰面工程？

答：（1）室内温度达到 10 ℃以上。

（2）施工现场洁净、卫生。

（3）室内无起尘现象。

（4）湿度控制不能大于 85%。

问：阳台顶、墙面乳胶漆掉皮、脱层、发霉是什么原因？是不是质量原因？

答：不是质量原因。主要原因如下。

（1）冬季室内和室外温差过大，结露而产生水蒸气和潮气。

（2）阳台窗户密封性不好，窗户防水达不到要求，造成室外雨水渗入室内墙面或顶面。一定要做好窗户防水处理，加强窗户及墙面的保温处理。

问：墙漆一定要用底漆吗？

答：不一定所有的乳胶漆都配底漆，主要是根据当地气候条件和施工基层（墙面粉刷层）的酸碱度而定。

问：底漆的作用是什么？

答：底漆具有防潮、增强面漆附着力的作用。

问：清油和混油的区别是什么？

答：清油与混油的主要区别在于二者的表现力不同。

清油主要表现木材的纹理，而硬木的纹理大多比较美观，因此清油大多使用在硬木上；混油主要表现的是油漆本身的色彩，对于木质要求不高。

问：怎样检查乳胶漆饰面的效果？

答：通过目测、手感以及用 2 m 靠尺和塞尺配合进行检测。应按照乳胶漆饰面平整，颜色一致，无脱粉、起皮、透底、流坠、反锈、污点、漏涂、钉空、刷纹、咬色、泛碱、开裂、缺棱掉角、光泽不一等问题，阴阳角应顺直平整的标准进行检测。

问：混油漆的施工方法与特点是什么？

答：混油漆主要采用汽泵喷涂法进行施工。具有光泽度好、光滑平整、色泽均匀一致等特点，如果处理不好也会存在透底、流坠、疙瘩、裹棱、泪珠、漏涂、钉空、刷纹、咬色、印痕、凹凸、开裂、缺棱、秃角、光泽不一等问题。

问：刷乳胶漆和油漆的施工顺序是什么？

答：批完两遍腻子后，不要打磨。先将门窗套边做好防护措施，做油漆，油漆成活后，再打磨第二遍腻子。刷第一遍乳胶漆，做局部修补和检查，再刷第二遍乳胶漆。

问：有的家庭装修卫生间包的门套出现发霉的现象，是什么原因？

答：主要原因是木制门套下方没有做防水防潮处理。如果卫生间、厨房等有水的地方是木制门套，应在离地 500 mm 处满刷清漆或桐油做防潮处理。

问：为什么装修好的房子，墙面会出现裂缝，修补之后还会再开裂吗？

答：这是由原建筑结构遗留下来的施工洞及伸缩缝造成的。经过春夏秋冬一个周期后再维修，一般不会再裂（沉降缝除外）。

问：业主可以要求工人改造煤气吗？

答：业主不可私自改造燃气管道。有关部门对燃气管线的改造和安装有强制性规定，各种改造和安装不得由业主私自进行，装饰公司也不能随意改动。业主要在经物业和天然气公司等部门的专业人员批准后，再进行改造安装。

问：乳胶漆施工完毕以后可以开窗或开暖气吗？

答：在乳胶漆施工完毕以后，尽量不要开窗户或开暖气，乳胶漆中的水分需要自然干，水分流失过快，乳胶漆容易起皮、鼓包。

问：有地暖的住房内，客厅地板砖或木地板与卫生间过门石处的防水怎么处理？

答：因为房内盖暖气管的水泥层离墙会有 1 ~ 3 cm 的缝隙，如果卫生间或厨房不做防水，在铺完地砖后，水会渗到砖缝里久而久之会顺着暖气管间的缝隙流到客厅及其他空间里，这样一来就会使木地板泡水，产生变形发霉等异状，所以用大理石门槛做过门石，两端深入门套基层，形成防水的效果。

问：家具喷漆要喷多少遍底漆，面漆要喷多少遍才可以？

答：一般来说都是三遍底漆两遍面漆，但工人们一般会因在喷完底漆打磨后看底板整体的平整度而定，如果不够平整，底漆会加喷，依实际情况而定。

问：墙面会开裂吗？是什么原因造成的？

答：墙面会开裂。由于建筑沉降和天气变化等原因，墙面在刷漆后仍然会开裂，一般经过一冬一夏后，装饰公司会做修补处理。

问：木地板铺设走向如何确定？

答：以客厅的长边走向为准，如果客厅铺地板的话，其他的房间也跟着同一个方向铺。如果客厅不铺木地板，那么以餐厅的长边走向为准，其他的房间也跟着同一个方向铺。如果餐厅不铺木地板，那么各个房间可以独立铺设，以各个房间长边走向为准，不需要同一方向。

问：钉眼太大，油漆补灰色差太大怎么办？

答：各种钉的用法用量必须掌握好，钉直钉必须顺着木纹方向去钉，这样钉眼会小很多，调灰时要反复调，调到颜色一样为止。一般一个套间应多调几种灰，不同地方的颜色应用不同颜色的灰。

问：弧形柜门歪扭不顺畅怎么办？

答：解决办法：有弧形的柜，柜门应全部装有里面（即烟斗铰用大弯），这样弧形柜门内装即使有点走形也不明显，做弧形门应用 9 ㎜夹板锯成条，两边贴 4 ㎜夹板定型，定型时间要够，一般为 5 天以上。

问：油漆施工常见的问题有哪些？

答：（1）油漆剥落：可能是表面过于光滑的缘故。若原涂料是有光漆或者是粉质的（如未经处理的色浆涂料），新上的油漆在表面就粘不牢。也可能是木料腐朽或金属有锈斑，还有因油漆质量不好而剥落的。小面积的油漆剥落，可先用细砂纸打磨，然后抹上腻子，刷上底漆，再重新上漆。大面积的剥落必须把漆全部刮去，重新涂刷。

（2）油漆起泡：首先将泡刺破，如有水冒出，即说明漆层底下或背后有潮气渗入，经太阳一晒，水分蒸发成蒸汽，就会把漆皮顶起成泡。此时，先用热风喷枪除去起泡的油漆，让木料自然干燥，然后刷上底漆，最后再在整个修补面上重新上漆。若泡中无水，就可能是木纹开裂，内有少量空气，经太阳一晒，空气膨胀，漆皮就鼓起了。针对这种情况，先刮掉起泡的漆皮，再用树脂填料填平裂纹，重新上漆，或不用填料，在刮去漆皮后，直接涂上微孔漆。

（3）出现裂纹：这种情况多半要用化学除漆剂或热风喷枪将漆除去后，再重新上漆。若断裂范围不大，这时可用砂磨块或干湿两用砂纸沾水，磨去断裂的油漆，在表面打磨光滑之后，抹上腻子，刷上底漆，并重新上漆。

（4）油漆流淌：油漆一次刷得太厚，即会造成流淌。可趁漆未干，用刷子把漆刷开。若漆已开始变干，则要待其干透，用细砂纸把漆面打磨平滑，将表面刷干净，再用湿布擦净，然后重新上外层漆，注意不要刷得太厚。

（5）发霉变色：这种问题多发生在潮湿的油漆表面，如水汽凝结在玻璃或金属表面时常会产生棕黑色的污斑。此时可用杀菌剂，照说明书的指示处理发霉的部位，待霉菌被杀死后，将表面清洗干净，然后重新上漆。

（6）失去光泽：原因是未上底漆，或底漆及内层漆未干就直接上有光漆，结果有光漆被木料吸收而失去光泽。有光漆的质量不好也是一个原因。用干湿两用砂纸把旧漆磨掉，刷去打磨的灰尘，用干净湿布把表面擦净，待干透后，再重新刷上面漆。要特别注意的是，在气温很低的环境下涂漆，漆膜干后，也可能会失去光泽。

问：冬天能不能刷乳胶漆？

答：冬天可以刷乳胶漆，但必须控制好室内温度，而且要等墙面腻子干透后再刷乳胶漆。

问：冬季施工公司与客户应如何沟通协调？

答：首先分两类客户：① 担心天气，急于施工；② 担心天气，不急于施工。

针对第一类客户，施工各工种要耐心跟客户解释，只能合理安排工序，但不能单个工程加快施工；对于第二种客户，也要协调客户选购相关主材及配套材料，并办好停工手续。

问：冬季施工的注意事项有哪些？

答：（1）生产安全，由于气候干燥，应防止火灾的发生。

（2）由于天气冷，施工人员反应速度慢，有操作工具时应特别注意操作安全（例如在操作台上切割材料时，严禁工人戴手套）。

（3）保持室温不低于 5 ℃，湿度应不低于 65%，防止泥工和涂糊施工带来隐患；如果温度低于 5 ℃，客户要求施工，需增加冬季施工费用。

问：冬季装修应注意哪几个细节？

答：（1）若遇上大风降温天气，不宜进行油漆工作业，以免影响漆面效果。墙面、顶面涂料应该用多少调多少。

（2）冬季装修还要注意防火。垃圾应随时清扫，木屑、碎木片等易燃物随时清理，油漆等物品应单独放置在阳台等通风的地方。

（3）装修完毕后，业主可以在各个房间分别放一盆清水，以增加室内湿度，防止墙面、顶面、家具等干燥太快出现裂缝。

（4）冬季装修时门缝不宜太小，以免夏天发紧，关不严。装木地板也应适当把缝隙留大一些。

（5）由于冬季施工时通风状况不如其他季节好，室内多少会残留一些对人体有害的气体。在房间保证良好通风的情况下，工程竣工过一段时间后再入住。

图书在版编目（CIP）数据

签单：室内设计师营销必修课 / 阿莫编著 . -- 南京：江苏凤凰文艺出版社，2018.6

ISBN 978-7-5594-2180-7

Ⅰ . ①签… Ⅱ . ①阿… Ⅲ . ①室内装饰设计—市场营销学 Ⅳ . ① F407.95

中国版本图书馆 CIP 数据核字 (2018) 第 106859 号

书　　名　签单　室内设计师营销必修课

编　　著　阿　莫
责任编辑　孙金荣
特约编辑　刘立颖
项目策划　室内设计联盟官方网站
封面设计　张　璐
出版发行　凤凰出版传媒股份有限公司
　　　　　江苏凤凰文艺出版社
出版社地址　南京市中央路165号，邮编：210009
出版社网址　http://www.jswenyi.com
经　　销　凤凰出版传媒股份有限公司
印　　刷　北京建宏印刷有限公司
开　　本　710毫米×1000 毫米　1/16
印　　张　8
字　　数　105千字
版　　次　2018年6月第1版　2018年6月第1次印刷
标准书号　ISBN 978-7-5594-2180-7
定　　价　39.80元